일광전구: 빛을 만들다

60년 된 전구 회사는 어떻게
리브랜딩에 성공했나

판권

이 책은 2022년 12월 1일 초판 1쇄 발행됐다. ISBN은 979-11-92572-25-3이다. 이연대가 인터뷰하고 쓰고 발행했다. 김지연과 권순문이 디자인했다. 권순문이 사진을 찍었다. 일광전구가 자료 사진을 제공했다. 신아람, 이현구, 이다혜, 김혜림, 정원진, 조영난, 홍성주가 제작을 지원했다. 재능인쇄에서 인쇄했다. curated by bkjn은 북저널리즘이 만드는 브랜드 인터뷰 시리즈다. 좋은 물건을 엄선하고, 물건을 만든 사람의 이야기를 전한다. 북저널리즘은 2017년 서울에서 출판물로 시작해 디지털, 정기 구독, 커뮤니티, 오프라인으로 미디어 경험을 확장하고 있다. 이 책의 발행처는 주식회사 스리체어스(threechairs)다. 주소는 서울시 중구 한강대로 416 13층, 이메일은 bkjn@bookjournalism.com, 웹사이트는 bkjn.shop이다.

좋은 물건을 엄선하고

물건을 만든 사람의 이야기를 전합니다.

curated by bkjn

목차

들어가며

이 책은 일광전구를 만드는 사람의 이야기를 담고 있다.
60년 된 전구 회사가 조명 기구 회사로 나아가는 과정을
이야기한다. 이들이 여러 번 실패하고 더러 성공한 사업
이야기이자 오래된 회사가 헤리티지를 훼손하지 않고
피보팅(pivoting)한 이야기이다. 인터뷰는 2022년 9~10월
대구와 서울에서 진행됐다.

책은 5부로 구성된다. 1부 '라이트'는 일광전구의 60년
역사를 다룬다. 2부 '리브랜딩'은 핵심 제품과 일하는 방식이
변화하는 과정을 다룬다. 3부 '제품'에서는 제품의 기획, 개발
단계를 살펴본다. 4부 '디자인'은 조명 기구를 디자인하는
과정을 따라간다. 5부 '마케팅'에서는 마케팅 방향과 협업
사례, 향후 계획을 전한다.

반세기 넘게 한 가지 물건을 만들어 온 사람들이 다른 물건을
만들기 시작했다. 전구와 조명 사업은 비슷해 보이지만
제작과 유통 방식이 완전히 다르다. 일하는 방식도 달라질
수밖에 없다. 이들은 왜 변화를 택했을까. 어떻게 바꾸고
있을까. 무엇을 바꾸고 있을까. 오래된 것이 낡은 것은 아니다.

주식회사 일광은 1962년 대구에서 설립됐다. 반세기 넘게
백열전구를 만들었다. 텅스텐을 태워 빛을 내는 백열전구는
촛불에 가장 가까운 광원이다. 인류가 발견한 두 번째 불이라
불린다. 김홍도 대표는 1998년 부친인 고 김만규 회장에게
회사를 물려받아 현재까지 경영하고 있다.

백열전구는 1960~1970년대 가정과 공장을 밝혔다.
1980년대에는 수출 상품으로 외화를 벌었다. 1990년대
중국산 저가 제품이 등장하며 수출길이 막힌다. 2000년대
LED가 보편화되며 전구 수요가 급감한다. 2007년 주요
8개국(G8) 정상은 에너지 효율이 낮은 가정용 백열전구를
퇴출하기로 결의한다.

일광전구는 그래도 백열전구를 취급한다. 첨단 조명이 줄
수 없는 고유한 감성이 있다고 믿는다. 전구 사업의 명맥을
이어 가는 동시에, 전구 회사에서 조명 기구 회사로 나아가고
있다. 광원을 가장 잘 이해하고, 광원을 가장 잘 다루는 회사가
되고자 한다. 일광전구의 60년 역사를 돌아본다.

주식회사 일광은 1962년 대구에서 전구 회사로 시작했다. 지금은 조명 기구 회사로 나아가고 있다. 일광전구의 60년 역사를 살펴본다. 김홍도 대표를 인터뷰했다.

국내 유일의 백열전구 제조사라는 타이틀을 곧
내려놓습니다.

2022년 10월 14일에 마지막으로 남은 생산 라인을
종료합니다. 우리가 국내에서 백열전구를 유일하게 생산하는
기업이 된 지 10년쯤 됐습니다. 다른 업체들은 진작에 다 문을
닫았어요. 과거에 백열전구 생산을 담당했던 책임자들을
초대해서 작은 행사를 열려고 합니다.

그 라인에선 어떤 제품을 생산했죠?

미니 크립톤 전구를 만들었어요. 모델명은 PS35입니다. PS는
유리구 타입이고, 35는 유리구의 지름이 35밀리미터라는

뜻이에요. 일반 전구보다 크기가 작죠. 2000년대 초에
이 제품을 국내 최초로 생산한 이후 아파트 조명 문화가
바뀌었어요. 전구를 끼우는 소재들이 작아지고 얇아졌죠.
트렌드가 달라지니 회사 수익도 따라왔고.

히트 상품인데, 왜 생산을 중단합니까?

LED가 보편화되면서 백열전구 수요가 급감했어요. 그러다
보니 자재 조달이 어렵습니다. 지금도 유리구는 태국에서
가져오고, 유리구를 코팅하는 파우더는 일본에서 가져오고,
도입선은 베트남에서 가져오고, 전구 내부를 진공 상태로 만들
때 쓰는 약품은 네덜란드에서 가져오는데, 전구 업체가 전
세계적으로 사라지는 추세여서 갈수록 자재 조달이 어렵죠.

그럼 이제 백열전구 사업을 접는 건가요?

취급은 계속합니다. 직접 생산만 중단하는 거예요. OEM
방식으로 위탁 생산을 해서 일광전구라는 이름으로 계속
유통합니다. PS35도 국내 생산은 종료하지만, 적어도 5년은
팔 수 있는 양을 비축해 뒀어요. 우리가 전구 회사에서 조명
기구 회사로 전환하겠다는 방침과 맞물리면서 전구 생산은
중단하지만, 본질은 안 없앱니다. 일광전구만큼 다양한
전구류를 보유한 데가 없어요. 전구를 가장 잘 알고, 광원을
가장 잘 이해하고, 가장 다양한 광원 아이템을 가지고 있는
회사라는 본질에는 변함이 없습니다.

　　　그래도 아쉬움이 크겠습니다. 산업화 시대의 상징인
　　　백열전구를 생산하던 마지막 기업이 기계 가동을
　　　멈춘다고 하니, 한 시대가 저무는 느낌마저 듭니다.

영원히 만들 수 있을 줄 알았습니다. 어머님, 아버님이 전구
회사를 세우고 전구를 오랫동안 만드셨고, 제가 사업을 승계한
뒤에도 그랬고요. 3대로 내려가도 계속 생산해서 지구상에서
백열전구를 공급하는 유일한 회사가 되기를 바랐는데, LED

조명이 시장의 90퍼센트를 점유하고 백열전구는 자재 공급도
안 되니 방법이 없어요. 나는 광원에 승부를 걸었지만 너는
빛으로 승부를 봐라, 하고 다음 세대로 바통을 넘겨줘야죠.
아버님이 살아 계셨다면 그래도 잘 버텼다, 안 하겠나 싶어요.

일광전구는 어떻게 시작됐습니까?

1960년경으로 알고 있어요. 아버님은 대구중공업에 다니셨고,
어머님은 시골집에서 애들을 키우셨어요. 두 분이 아무리
봐도 이래서는 애들 미래가 안 보이더래요. 그래서 아버님이
할아버지한테 대구 서문시장에서 장사를 해보고 싶다고
했어요. 할아버지가 시장을 둘러보고 오시더니 어머님에게
그랬대요. "시장 상인들이 전부 신문을 읽고 있던데, 너는

신문을 못 보면서 장사를 어떻게 하려고 그러냐." 어머님이
무학이었거든요. 어머님 대답이 재밌어요. "아버님, 그
사람들이 신문을 보는 건 장사가 안돼서 그러는 겁니다."
할아버지가 고개를 끄덕하시더니 그럼 점포를 한번
찾아보자고 하셨대요.

바로 전구 회사를 차린 건가요?

처음에는 철물점으로 시작했습니다. 점포에서 전구도
취급했는데, 엄청나게 잘 팔리고 마진도 좋더래요. 그때가
농촌에 전기가 보급되기 시작한 시점이었어요. 어머님
말씀으로는 전구 한 개를 팔면 자장면 한 그릇을 먹을 수
있었답니다. 전구 장사를 본격적으로 해야겠구나, 하고 부산에
있던 평화전구의 대구 대리점을 했어요. 그렇게 전업사를
2년쯤 하다가 1961년에 사건이 생깁니다. 당시에는 본사에
선금을 줘야 물건을 받을 수 있었어요. 돈을 잔뜩 모아서
물건값을 치렀는데, 평화전구가 부도가 난 거예요. 부모님이
회사에 찾아가니까 사장님이 그러더래요. 전구 만드는 기계를
현물로 줄 테니까 앞으로 전구를 생산하면 부산 대리점은
자기한테 달라는 거예요. 역할을 바꾸자는 거죠. 그렇게

해서 1962년에 대구 내당동에 허름한 창고 하나를 얻고, 부산에서 전구 제조 설비를 가져와서 공장을 엽니다. 그게 일광전구공업사예요.

전구에 얽힌 어린 시절 추억도 많겠습니다.

시장 점포에 배달 사원이 있었지만, 물량이 많아서 배달을 혼자 다 못했어요. 그럼 아버님이 저한테 심부름을 시켜요. 초등학교 3학년 때부터일 겁니다. 학교 끝나고 어디에 전구 좀 갖다줘라, 하시면 시장통을 돌아다니며 배달을 했어요. 걸어서 하려니까 시간이 오래 걸려서 4학년 때부터는 짐 자전거를 타고 배달하러 다녔어요. 땅에 발이 안 닿아서 서서 페달을 밟았죠.

한창 놀 나이인데, 심부름이 귀찮거나 힘들지는 않았습니까?

애가 배달을 해봐야 얼마나 했겠어요. 상자 서너 개 싣고 다녔죠. 배달을 가면 전업사 사장님들이 애가 어쩜 이렇게 착하냐, 하면서 용돈을 줬는데, 그 시절에 용돈이 어디 있어요.

너무 즐겁죠. 학교 갔다 오면 공부는 안중에도 없었어요.
책가방 던져 놓고 점포에 붙어사는 거예요. 지금도 어릴 적
얘기가 나오면 저는 서문시장 장돌뱅이 출신이라고 말해요.
그래서 영업에 소질이 있다고. (웃음)

　　　　그러고 보니 공장 입구에 짐 자전거가 걸려 있던데요.
　　　　짐칸에 전구 상자도 실려 있고.

10년 전에 대구 시내 뒷골목을 지나는데, 오래된 자전거
점포가 있더라고요. 들어가 봤더니 어릴 때 타고 다닌
자전거와 똑같은 모델이 있는 거예요. 바로 사서 회사 마당
위에 매달아 놨어요. 지금도 출근할 때마다 그 자전거를
보면 초등학교 시절로 돌아가는 기분이 들어요. 그때 정말
즐거웠거든요. 어쩌면 인생에서 가장 즐거웠던 시절이
아니었나 싶기도 해요.

그 시절에는 배달 일손이 부족할 만큼 전구 수요가
많았습니다.

1960년대에는 조명이라고 해봐야 백열전구 외에는 거의
없었어요. 형광등이 있기는 했지만, 전압이 불안정해서 자주
깜빡거리니까 많이 팔리지 않았어요. 백열전구가 잘됐죠.
그러다 1970년대로 접어들면서 산업화가 속도를 내고
전력이 조금씩 안정되면서 형광등이 본격적으로 보급되기
시작합니다. 형광등과 백열전구가 시장을 양분하면서 문을
닫는 전구 회사들이 나타나요.

카세트테이프는 CD가 등장하며 사라졌고, CD는 MP3가 등장하며 사라졌습니다. MP3도 스트리밍 시대로 넘어가며 과거가 됐죠. 형광등은 전력 소비와 수명 면에서 백열전구보다 뛰어납니다. 형광등이 한창 보급되던 1970~1980년대에 일광전구는 어떻게 생존할 수 있었습니까?

1970년대 중반부터 내수에서 수출 중심으로 전환했습니다. 박정희 대통령이 수출 드라이브 정책을 추진하면서 국가가 매년 수출 목표액을 설정하고 수출 기업을 지원해 주던 때였어요. 그때 우리가 한 달에 전구 100만 개를 생산했는데, 80퍼센트를 미국, 캐나다, 유럽으로 보냈어요. 작은 내수 시장에서 세계 시장으로 나가면서 1980년대에 매출이 정점을 찍었죠.

백열전구의 전성기는 언제까지 이어졌나요?

1990년대로 넘어오면서 고비를 맞습니다. 우리나라의 거의 모든 산업이 그렇지만, 특히 1차 공산품 제조업은 1990년대 초 중국이 등장하면서 무너지기 시작해요. 수출 물량이 죄다 중국

기업으로 넘어가는 겁니다. 국내 전구 업계는 그 무렵부터
내리막을 걸어요. 수출길이 막히니 내수 시장이 치열해지는데,
형광등이 보편화되면서 30여 개 되던 전구 생산업체가 반으로
줄어요. 그러다 1997년에 IMF가 오면서 아예 초상집이
됩니다. 일광전구도 마찬가지였어요.

그때 대표님은 다른 일을 하고 있었다고 들었습니다.

대구 시내버스 업체를 5년째 운영하고 있었어요. 1994년
서른여섯 살 때 부모님 지원을 받아서 망해 가던 시내버스
회사를 인수했어요. 자동차 소유가 보편화되는 마이카 시대가
열리면서 대중교통 이용률이 매년 떨어지고 있었죠. 그런데
IMF를 맞으면서 시내버스 업계는 일시적으로 중흥기가
시작됩니다. 사람들이 자가용을 놔두고 대중교통을 이용하는
거예요. 게다가 당시 대구에는 지하철이 없었습니다. 모든
사람이 갑자기 시내버스를 타는 거예요. 만세를 불렀죠. 매일
현금 수입이 넘쳐나니까.

IMF 관리 체제 기간은 1997년 12월에 시작해 2001년 8월에 끝납니다. 대표님은 IMF 기간인 1998년 말에 주식회사 일광 대표로 취임합니다.

1998년 연말에 아버님이 저를 부르셨어요. 회사 문을 닫을 생각인데 장남인 네가 하겠다고 하면 너한테 맡기마, 이러시길래 생각할 시간을 일주일 달라고 했죠. 결국 승계하는 쪽으로 마음을 먹었습니다.

버스 회사가 잘되고 있었는데, 왜 업종을 바꾸기로 하셨습니까? 더구나 백열전구는 사양 산업이었는데요.

백열전구에 대해 곰곰이 생각해 봤습니다. 고급 레스토랑에 가면 테이블마다 초가 있어요. 효율만 따지면 촛불은 진작에 사라졌어야죠. 저는 백열전구가 촛불에 가장 가까운 빛이라고 생각했어요. 1879년에 에디슨이 백열전구를 만든 원리가 모닥불에서 나왔습니다. 장작의 탄소를 태워 빛을 내는 걸 산업화한 거예요. 탄화시킨 대나무로 필라멘트를 만들고, 필라멘트를 전기로 가열해 빛을 만들었어요. 100년

넘게 이어진 제품이니 제가 하기에 따라서 영원할 수 있는
업종이라고 생각했어요.

가업을 잇겠다고 하니 부모님이 뭐라고 하시던가요?

일주일 뒤에 어머님, 아버님과 담판을 지었습니다.
"승계하겠습니다. 단, 조건이 있습니다. 승계 다음 날부터
출근하시면 안 됩니다. 회사와 관련된 모든 일에서 손을
떼십시오. 모든 권한을 넘기셨기 때문에 보고를 요청하셔도 안
됩니다." 제가 아버님 성격을 잘 알거든요. 자수성가한 분들은
대부분 고집이 강합니다. 아버님이 회장님이 되고 제가 월급
사장이 되면 일이 안 되죠. 제 역할이 없어져요. 그래서 두
분한테 부탁한 겁니다.

엄청 서운하셨겠는데요.

눈물을 글썽거리셨어요. 다른 사람도 아니고 아들이 그러니까.
그래도 지금 생각하면 그때 그렇게 했기 때문에 회사가 아직
존속하고, 조명 기구라는 새로운 아이템으로 넘어가려는 게
가능하지 않았나 싶어요. 전환기에는 맺고 끊고를 분명히 해야

한다고 생각합니다.

대표 취임 당시 회사 상황은 어땠습니까?

전에는 전구를 월 100만 개 생산했는데, IMF의 영향으로
생산량이 3분의 1로 줄어 있었습니다. 직원도 30퍼센트만
남아 있는 상태였어요. 취임하면서 전체 직원 앞에서
약속했습니다. 3년 안에 IMF 전 상태로 돌려놓겠다고요.
"경영 상태가 최악이던 시내버스 회사도 인수 3년 만에
회복시켰는데, 모르는 회사도 아니고 아버지가 세우고 내가
어릴 적부터 봐왔고 배달원으로 일한 회사인데, 여기를 내가
3년 안에 정상화 못 시키겠느냐. 나는 자신 있다." 이렇게
얘기했어요.

경영자의 역량만으로 해결될 문제는 아니었을
텐데요. 말 그대로 국가 부도 상황이었는데.

대표로 취임하고 정확히 3년 뒤에 지금 이 건물로 신축
이전했습니다. 이전의 오래된 공장에서는 최신 설비를 갖추기
어려워서 성장에 한계가 있다고 생각했어요. 정점에 도달했을

때 회사를 이전하기로 한 거죠. 2000년에 착공해서 2001년에 여기로 왔습니다.

조기 정상화의 비결이 뭐였습니까?

첫 6개월간 내부 정비를 했습니다. 당시 유리구를 만드는 공장이 있었는데, 그 공장을 폐쇄했습니다. 도장이나 코팅 같은 반제품 공정도 우리 공장 안에서 진행했는데, 그것도 다 협력 업체에 맡기기로 했습니다. 우리는 전구 조립만 전문으로 하기로 했어요.

핵심 공정을 제외한 나머지 공정을 외부에 맡긴
거군요.

일반 공산품은 두 가지가 핵심입니다. 품질과 가격이에요.
시장 가격이 정해져 있어서 품질을 유지하되 시장 가격보다
싸게 팔면 잘 팔립니다. 싸게 팔아도 이윤을 내려면 비용을
낮춰야죠. 결국 내부 효율을 극대화하는 수밖에 없어요.
우리는 품질 관리와 조립만 전문으로 하는 방식으로 바꾼
겁니다.

생산 비용을 줄이고 위험 부담을 외부화하는
건 불황기에 유리한 면이 있겠지만, 그것만으로
생산량을 세 배나 늘릴 수는 없었을 텐데요.

영업 방식을 완전히 바꿨어요. 기존 시장은 누가 손해를 덜
보느냐였지 누가 이익을 내느냐가 아니었어요. 이미 치열해질
대로 치열해져서 그 시장으로 가면 죽는 겁니다. 당시
조명 시장은 형광등과 백열전구, 두 개로 나뉘어 있었어요.
1998년에 형광등 제조사가 다섯 곳 있었는데, 형광등과
백열전구를 모두 취급하는 회사는 금호전기(번개표)가

유일했습니다. 그런데 형광등과 백열전구는 같이 팔립니다. 방과 거실에는 형광등, 부엌에는 백열전구, 이런 식이니까요. 저는 형광등만 하는 나머지 네 개 회사를 타깃으로 했어요. 대표를 찾아가서 내가 당신네 브랜드로 일광전구를 최저 가격에 최고 품질로 공급하겠다고 설득했어요. 같은 제품에 마크만 바꾸고 상자만 바꾸면 되는 겁니다. 형광등 회사 네 곳에서 주문을 받으니까 월 100만 개 생산을 금방 회복했어요. 다시 양산 체제가 되니까 원가 경쟁력이 생겼죠. 유리구를 100만 개 살 때와 10만 개 살 때는 가격이 다르니까요. 최소 10퍼센트는 차이가 납니다.

IMF 이후에도 크고 작은 위기가 이어집니다. 2000년대 들어서는 LED 조명이 등장하며 전구 시장은 더 위축됩니다. 거듭 드리는 질문이지만, 어떻게 버틸 수 있었습니까?

제품 개발입니다. 소비자의 욕구를 읽고 시장이 요구하는 새로운 제품을 끊임없이 만들어 내는 거예요. 2000년대 이후 시장의 흐름은 점점 더 콤팩트한 방향으로 흐르고 있어요. 전구가 작아지고 얇아지는 거죠. 그쪽으로 가야 살아남을 수 있습니다. 그래서 지금까지 우리가 사라지지 않고 있는 겁니다. 제품을 개발하려면 기술이 기반이 되는 독창적인 설계 능력이 필요합니다. 일광만 생산할 수 있고 일광만 공급할 수 있는 제품이 20개는 있어야 한다는 게 제 모토입니다. 지금도 그런 제품이 20개쯤 됩니다. 그게 회사의 힘이 됩니다.

전구

백열전구의 원리, 광원별 차이, 조명 문화와 조명 기구 시장의
흐름을 살펴본다. 김홍도 대표를 인터뷰했다.

우리나라의 조명 문화를 어떻게 평가하십니까?

국민 소득은 중진국 상위권에 있는데, 조명 문화는 여전히
개발 도상국 수준이라고 봅니다. 우리가 국민 소득에 비해
문화가 낮은 분야가 몇 개 있는데, 대표적으로 조명과
화훼라고 생각해요. 결혼식장이나 장례식장에 사용하는
화환은 30년 전이나 지금이나 똑같잖아요.

조명 문화의 어떤 점이 문제일까요?

색온도를 인식하지 못하고 있어요. 우리는 형광등 색을
주광색(晝光色)이라고 부릅니다. 주광색은 말 그대로
풀이하면 햇빛의 색상이에요. 사실 햇빛 색에는 백열전구가
훨씬 더 가까워요. 노란빛이 나잖아요. 그런데 전구는 그냥
전구색이라고 하죠.

주광색이래서 햇빛 색을 기대하고 샀다가 너무
하얘서 당황한 적이 있습니다.

에너지 효율 때문에 백열전구에서 형광등으로 거의 다

넘어갔죠. 그러다 보니 우리나라 사람들은 형광등 불빛에 익숙해져서 형광등을 전체 조명으로 쓰고 있어요. 건축물은 어떤 마감재를 쓰느냐에 따라 전체적인 느낌이 달라져요. 건물을 지을 때 거금을 들여 대리석을 쓰고 좋은 목재를 쓰고서는 조명은 그냥 형광등을 달아요. 조명이 건축의 마감인데 말이죠.

그럼 어떤 조명을 써야 합니까?

공간에 따라 색온도를 달리해야죠. 형광등의 색온도는 대체로 6000K입니다. 백열전구는 2700K예요. 형광등과 백열전구 사이에 흰빛이 조금 나는 게 있는데, 할로겐이라고 3000K 정도예요. 그게 정말 주광색입니다. 낮 색깔이에요. 지금까지 인류가 만든 빛 중에 가장 좋은 빛입니다. 따뜻한 느낌이 나는 공간을 원한다면 모닥불의 색온도인 2000K를 쓰고, 사물을 그대로 나타내고 싶다면 3000K를 쓰고, 화장실처럼 청결을 요하는 곳에는 6000K를 쓰고. 이렇게 장소에 따라 색온도를 다르게 하는 게 좋아요. 공간 전체를 형광등 색으로 통일해 버리면 공간감이 없어요. 입체감이 사라집니다.

가장 좋은 빛이라고 하신 할로겐 조명을 전체
조명으로 쓰는 건 어떻습니까?

할로겐이 가장 예쁜 빛을 내지만, LED의 효율에는 못 배기죠.
할로겐도 거의 다 단종됐습니다. 할로겐의 단점은 엄청난 열을
낸다는 겁니다. 만지면 화상을 입을 정도예요.

LED는 단점이 없습니까?

LED는 소비 전력을 떨어트렸습니다. 종전의 10분의 1로
만들었죠. 60와트는 6와트로, 30와트는 3와트로 만들었어요.
그러다 보니 사람들이 착각하기 쉽습니다. 과거에 백열전구
한 개 쓰던 걸 요즘은 LED 스무 개를 쓰는 거예요. 소비 전력이
얼마 안 되니까 대낮에도 켜 놓습니다. 밤거리에는 사람도
있고 나무도 있어요. 밝힐 곳은 밝혀도 어둡게 둬야 할 곳도
있는데, 전부 대낮같이 만들어 버립니다. 조명 낭비죠.

유럽의 조명 문화는 어떻습니까? 우리처럼 형광등을
많이 사용하나요?

유럽에서 형광등은 사무용 조명입니다. 가정에서는 2700K
이상을 잘 안 씁니다. 여기에는 인종적인 차이도 있을 거예요.
백인은 약간 붉은 톤을 선호하거든요.

그래도 최근 들어 우리 조명 문화가 달라지고 있는
것 같습니다. Z세대를 중심으로 조명에 관심을 두는
사람이 늘고 있죠.

확실히 달라졌어요. 유튜브의 영향이 컸다고 생각합니다.
조명이 잘 배치된 좋은 공간을 쉽게 접하게 됐잖아요. 신혼집
식탁 위에 100만 원짜리 조명을 설치하는 시대가 됐어요. 서울
강남 아파트의 저녁 색깔도 바뀌고 있습니다. 몇 년 전까지
유명 브랜드의 아파트들도 6000K를 기본으로 썼습니다.
그런데 지금은 2700K도 쓰고 부분 조명도 씁니다. 최근에는
4500K를 많이 쓰죠. 온백색이라고 합니다. 주광색을 쓰자니
너무 환하고, 전구색을 쓰자니 어른들은 침침하다고 하니까
중간을 씁니다. 보시면 노란색 끼가 약간 있습니다.

앞으로 우리 조명 문화는 어떻게 변할까요?

색온도를 조정할 수 있는 조명의 시대가 열릴 거예요.
머지않아 거의 모든 조명에서 내 마음대로 색온도를 조정할 수
있게 될 겁니다.

　　　그때가 되면 백열전구를 찾아보기가 더
　　　힘들어지겠습니다.

백열전구가 사라지진 않을 겁니다. 백열전구만 줄 수 있는
매력과 감성이 있습니다. 백열전구는 사람을 예쁘게 만들어요.
백열전구 불빛 아래와 LED 불빛 아래는 완전히 다릅니다.

　　　LED의 색온도를 전구색으로 조정하면 될 텐데요.

 그래도 그 색을 못 만듭니다. 사람의 감이라는 게 있잖아요.
LED를 2700K로 만들어도 자연에서 나오는 불빛하고
느낌이 다릅니다. 작동하는 방식이 다르거든요. LED는
전자파예요. 플러스, 마이너스 전자를 이용해 인위적으로
만드는 불빛입니다. 반면 백열전구는 천연 금속인 텅스텐에

열을 가해서 만들어 내는 불빛입니다. 모닥불하고 원리가
비슷합니다.

　　　　백열전구가 빛을 내는 원리를 더 자세히 들려주시죠.

유리구 안의 필라멘트에 플러스, 마이너스 전기를 넣어 저항을
일으켜서 빛을 만듭니다. 1879년에 에디슨이 전구를 만들었을
때는 대나무를 탄화시킨 다음, 그걸 얇게 잘라서 필라멘트를
만들었어요. 지금은 대나무 대신 텅스텐을 씁니다. 텅스텐은
지구상에 있는 금속 중에 가장 강한 금속이에요. 녹지
않습니다. 그래서 필라멘트를 만들 때는 텅스텐을 밀가루처럼
가루로 만들어서 고압으로 찝니다. 그다음 연성 작업을
하는데, 열을 가하며 천천히 당겨서 실오라기처럼 만들어요.
실오라기를 코일 모양으로 감고, 그걸 다시 감습니다. 이걸
이중 코일이라고 합니다. 눈으로 보면 선으로 보이지만, 사실
아주 미세하게 이중으로 감겨 있는 거죠.

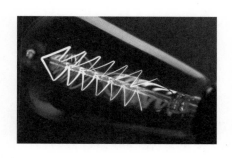

전구 얘기를 하실 때면 정말 신나 보이십니다. 전구에
매료된 계기가 있습니까?

제가 역사를 좋아합니다. 원시인들이 동굴 안에서
모닥불을 피우고 빙 둘러앉아 이런 얘기를 했을 거예요.
"내가 오늘 산 넘고 강 건너 돌도끼로 이걸 잡아 왔다."
그렇게 문학이 시작됐겠죠. 동굴에 불을 밝히고 그림을
그리며 예술이 시작됐을 테고요. 그 모닥불을 산업적으로
잘 형성한 게 백열전구입니다. 그리스 신화에서는 인류
역사가 프로메테우스의 불에서 시작했다고 이야기합니다.
백열전구는 인류가 발견한 두 번째 불이에요. 200만 년의 인류
역사를 이어 간다고 생각하면 신나지 않겠어요?

백열전구만의 매력을 강조하셨는데, 집에 전구를
둔다면 어디가 가장 좋을까요?

식탁입니다. 60와트짜리 백열전구 불빛 아래에서 음식이 가장
맛있어 보입니다. 그래서 고급 레스토랑은 아직도 백열전구를
씁니다. LED를 쓰면 1만 시간을 쓸 수 있는데, 수명이
1000시간밖에 안 되는 백열전구를 굳이 쓰는 이유예요.

회사 매출에서 전구류가 차지하는 비중이 얼마나
되나요?

여전히 30~40퍼센트는 됩니다. 나머지는 조명 기구에서
나옵니다. 백열전구는 수요가 줄어서 더는 양산 체제로
가기 어렵습니다. OEM 방식으로 전환하는 수밖에 없어요.
2023년부터는 조명 기구 회사로 본격 전환하고 신제품을
출시하니까 조명 기구 매출이 급증할 겁니다.

조명 기구 시장에서는 중국의 위협이 없을까요?

조명 기구도 큰 틀에서는 비슷해요. 중국이 값싼 노동력을

앞세워서 저가 제품을 만들어 내니까 양산 체제로는 이길 재간이 없습니다. 국내 조명 기구 업체들이 사라진 것도 중국의 영향이 커요. 조명 자재를 코팅하는 회사, 도금하는 회사, 이런 협력 업체들이 한두 곳밖에 남아 있지 않아요.

그럼 일광전구의 전략은 뭡니까?

디자인의 힘입니다. 공산품에서 아트로 넘어가야죠. 아트는 가격을 따지지 않습니다. 석 달 작업했다고 한 달 인건비가 얼마니까 거기에 곱하기 삼을 하는 식으로 값을 매기지 않아요. 결국 조명 기구를 아트 수준으로 만들어야 지속 가능하다고 봅니다.

조명 기구 시장의 다음 트렌드가 뭐가 될지 궁금합니다.

조명은 크게 세 파트로 나뉩니다. 테이블 스탠드, 플로어 스탠드, 펜던트(천장에 매달아 드리우는 등)예요. 저는 여기에 하나가 더 추가될 거라고 봐요. 포터블 스탠드입니다. 휴대할 수 있고 밝기 조정도 가능해서 침실에 두면 무드등, 캠핑장에

가져가면 캠핑 조명이 되죠. 조명 업계에 혁명이 일어날
거예요.

충분히 기대되는 제품입니다만, 공고한 기존 시장을
혁명이라 부를 만큼 흔들 수 있을지는 의문입니다.
포터블의 잠재력은 뭔가요?

국가별 인증이 필요 없어요. 오직 좋은 기능과 디자인만
있으면 됩니다. 일반적인 전자 제품은 220볼트, 110볼트
같은 AC(교류)를 사용하지만, 포터블 스탠드는 DC(직류)를
사용합니다. 충전기로 충전해서 쓰는 방식이에요. AC는
DC보다 감전 위험이 큽니다. 생명에 영향을 미치니까
국가별로 관리를 받아요. DC는 국가 관리를 받지 않고, 국가
간 규제도 없어요. 인터넷으로 해외 물건을 쉽게 사고팔 수
있게 됐잖아요. 대리점망이란 게 필요 없어졌어요. 물건만
훌륭하면 세계에서 통할 수 있는 겁니다.

1962년 전구 회사로 시작한 일광은 이제 조명 기구
회사로 나아가고 있습니다. 일광의 정체성은 뭐라고
생각하십니까?

 빛입니다. 세상을 이롭게 하는 빛을 만드는 거죠. 인류가
존재하는 한 빛은 필요합니다. 종전에는 광원 사업을 했다면
이제는 광원을 기초로 한 조명 기구를 만드는 거예요. 같은
빛입니다. 차이라면 과거에는 빛을 만들었고 지금은 어떻게
하면 빛을 더 아름답게 만드느냐, 이렇게 바뀐 거죠.

좋은 빛의 조건은 뭘까요?

달빛과 태양 빛이 최고의 조명이죠. 그러나 그걸 만들 수는
없어요. 인위적으로는 불가능하죠. 다만 달과 태양에 가깝게
만드는 거예요. 그래서 광원을 가장 잘 아는 회사가 만드는
조명 기구가 필요하다고 생각해요. 거기에 우리 경쟁력이
있습니다.

위기

2007년 국제 사회는 백열전구 퇴출을 결의한다. 백열전구를
만드는 회사가 백열전구를 만들 수 없게 된다. 위기는
리브랜딩으로 이어진다. 김홍도 대표를 인터뷰했다.

일광전구의 역사는 위기 극복의 역사입니다.
형광등과 LED의 등장, IMF 같은 위기가 있었지만,
가장 큰 위기는 2007년 국제 사회의 백열전구 퇴출
결정일 겁니다. 당시 상황이 어땠습니까?

2007년 G8 정상 회의에서 에너지 효율이 낮은 백열전구를
2012년까지 퇴출하자는 권고가 결의됩니다. OECD 국가들도
이 권고에 동참합니다. 이듬해인 2008년에 우리 정부도
가정용 백열전구 생산과 수입을 2014년부터 금지하겠다고
발표했어요. 산업용과 장식용 전구는 금지 대상에 포함되지
않았고요.

백열전구는 에너지의 95퍼센트가 열로 방출됩니다.
나머지 5퍼센트만 빛으로 변환되죠. 에너지 효율이
너무 낮습니다.

효율만 따진다면 촛불도 퇴출이 됐어야죠. 효율은 낮아도
백열전구만 줄 수 있는 감성이 있습니다. G8 정상들이
저효율을 이유로 백열전구를 퇴출한 데에는 정치적인 고려도
있었다고 봐요. 에디슨이 2차 산업혁명의 아이콘이잖아요.

2007년 전까지 에디슨 A60이라는 전구는 전 세계 모든 대륙에서 똑같았어요. 소켓과 전압 차이만 있었죠. 그러니까 백열전구라고 하면 온 세상이 통하고 전 세계인이 알잖아요. 타기팅하기 좋죠.

정부 발표 당시 매출에서 백열전구가 차지하는 비중이 얼마나 됐습니까?

거의 다 백열전구에서 나왔습니다. 그중에서 가정용 백열전구가 70퍼센트, 장식용 백열전구가 30퍼센트쯤 됐어요.

매출의 70퍼센트가 사라지는 셈인데요, 앞이 깜깜했겠습니다.

저는 그렇게 충격적으로 받아들이지는 않았어요. 결국 시대가 그 방향으로 가는 거고, 정치도 시대에 맞춰 가는 거죠. 기업은 따라갈 수밖에 없어요. 당시 상공부에서 공무원이 나와서 업종 전환을 도와주겠다고 했어요. 정부 정책이니까 지원금을 받고 업종을 바꾸거나, 아니면 문을 닫아야 한다는 거예요. 내 살길은 내가 찾겠다고 하고 돌려보냈어요. 정부 지원 안 받고 살길을 찾기로 한 거죠.

　　알아서 살길을 찾기로 하고 가장 먼저 뭘
　　하셨습니까?

정부에서 백열전구를 그만하라고 하니 내 업을 다시
정립해야겠다고 생각했어요. 내가 왜 전구 회사를 계속해야
하는지, 이런 의문에 부딪혔거든요. 그때 집중적으로 고민해서
회사의 미션과 비전, 코어 밸류를 재정의했어요. "미션: 우리는
빛으로 세상에 공헌한다. 비전: 글로벌 넘버원 백년 장인
기업이 된다. 코어 밸류: 삶에 온기를 주는 빛을 개발 공급한다."
이른바 가치관 경영을 시작했죠.

위기를 극복할 아이템은 뭐였습니까?

역시 백열전구였습니다. 정부가 가정용 백열전구 생산을
2014년부터 금지하겠다고 발표한 게 2008년이었어요. 대비할
시간이 5년 있었죠. 그 사이 회사의 주력 제품을 가정용
전구에서 장식용 전구로 전환했어요. 가정용 전구가 매출의
70퍼센트를 차지했었는데, 그걸 30퍼센트로 낮췄습니다.

> 장식용 전구로 위기를 일단 넘겼지만, 여전히 시대
> 흐름에 반하는 게 아니었을까요? 빛으로 세상에
> 공헌하는 다른 방법도 있었을 텐데요.

대학에서 MT를 가면 바닷가에서 모닥불을 피워 놓고
캠프파이어를 하죠. 불은 사람과 사람 사이의 관계를 따뜻하게
하고, 사람이 사람을 사랑하게 만들어요. 모닥불을 산업적으로
잘 형성한 게 백열전구고요. 이건 인류 역사와 함께 가는
겁니다. 산업으로 사회에 이바지하는 길이라고 생각했어요.

LED로 전환하지 않은 이유가 뭡니까? 모두가 LED를
대세라고 생각했고, 실제로 대세가 되었는데요.

우리도 LED를 했습니다. 직접 만드는 건 아니고 협력 업체를
통해 만들어 판매했죠.

왜 직접 만들지 않았나요?

LED는 축적된 노하우로 만드는 게 아닙니다. 부품을
가져와서 조립하는 단순 작업이에요. 자재만 있으면 인프라를
구축한 공장이 아니라 가정집에서도 만들 수 있습니다.
결국 원가 싸움이에요. 부품을 얼마나 싸게 사 오느냐, 이
싸움입니다. 거기에서 중국을 어떻게 이깁니까? 저는 안
된다고 생각했어요. 지금 보면 국내에 LED 생산업체가 거의
없습니다. 다 중국으로 넘어갔어요.

백열전구 퇴출 발표 이후 다른 전구 회사들은 어떤
길을 택했습니까?

거의 다 백열전구 생산을 중단하기로 했습니다. 금호전기도,

남영전구도 그랬어요. 일부는 업종을 변경하고, 일부는 문을
닫았어요.

당시 회사 분위기는 어땠나요?

다들 이제 백열전구로는 한계가 있겠구나, 생각했죠. 그런데
그때 저는 오히려 더 아날로그로 가야겠다고 생각했어요.
정부에서 금지하기로 한 건 가정용 백열전구였어요. 25와트
이상 150와트 미만의 특정 타입을 금지한다고 정해져
있었어요. 그래서 저는 장식용 전구 중에서 유리구의 디자인과
성능을 다양하게 만들면 기회가 있을 거라고 봤어요.

모두 디지털로 넘어가던 시기에 오히려 아날로그를
강화했습니다.

2007년 애플이 아이폰을 출시하면서 디지털이 폭발합니다.
폭발하면 할수록 아날로그에 대한 동경이 커질 거라고
생각했어요. 돌파구로 삼은 게 클래식 전구였습니다. 1879년
에디슨 전구를 다시 만들어 보기로 한 겁니다.

클래식 전구를 떠올린 계기가 뭔가요?

 제가 마라톤을 좋아해서 2011년에 뉴욕 마라톤에 출전했어요.
스포츠 중에 규모가 가장 클 겁니다. 전 세계 마라토너 4만
명이 운집하거든요. 그때 마라톤을 완주하고 나서 뉴욕에
이틀 더 체류했습니다. 뉴욕에는 1868년에 개통된 고가
철도가 있습니다. 빨간 벽돌로 쌓은 아치 밑에 고급 상가들이
있었어요. 상가에 들어갔더니 클래식 전구가 꽉 박혀
있었습니다. 그 침침한 곳에 앉아서 다들 생맥주를 마시고
있었어요. 이게 돌파구가 되겠구나 싶었죠. 사진을 찍고
샘플을 사서 귀국했습니다.

이듬해인 2012년 6월에 클래식 전구를 출시합니다.
반응이 폭발적이었죠. 누가 디자인했습니까?

전구 설계는 예전부터 항상 제가 했습니다. 뉴욕에서 사 온
샘플과 진공관 디자인을 기초로 설계했어요. 패키지 디자인은
권순만 디자인팀장이 맡았습니다.

클래식 전구를 만들자고 했을 때 직원 반응은
어땠습니까?

좋지는 않았어요. 밝기도 침침하고, 전구 가격은 10배 이상
비싸니까요. 처음에 이걸 개당 1만 원에 팔았거든요. 그때가
삼파장 형광등이 한창 유행할 때였어요. LED도 초창기였고요.

삼파장 형광등이 오스람 제품 기준으로 7000~8000원쯤
했습니다. 그것보다 비싼 1만 원대로 가격을 정하니까 다들
의아해했죠. 이걸 누가 사겠냐 이랬어요. 세상의 흐름이
분명히 그쪽으로 갈 것이라고 설득했습니다. 결국 폭발적으로
팔렸습니다.

이 제품부터 전구 패키지가 확 달라집니다.

1만 원을 받을 제품인데, 일반 전구를 포장하듯 할 수는 없죠.
디자인을 전공한 첫째 딸에게 패키지를 클래식하게 만들어
달라고 했더니, 자기보다 잘하는 사람을 소개하겠대요. 그
사람이 바로 디자인 스튜디오 064 대표이면서 지금 일광전구
디자인팀장을 겸하고 있는 권순만 팀장이에요. 패키지
디자인을 맡겼는데 보자마자 마음에 들었죠.

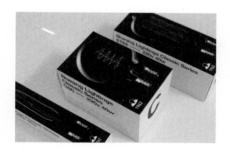

패키지 디자인 하나가 리브랜딩 작업으로
이어집니다.

그다음으로 CI 디자인을 의뢰했는데 역시 만족스럽게
나왔어요. 그래서 아예 브랜드 전체의 디자인을 맡기기로
했어요. 모든 전구와 조명, 패키지는 물론이고 웹사이트까지
디자인하는 연간 계약을 맺었어요. 브랜딩을 총괄하는
디자인팀장 역할도 맡겼죠. 그러고는 2016년부터
서울리빙디자인페어(이하 리빙페어)에 나갔어요.

전구를 박리다매하던 시장에서 디자인 시장으로
넘어갔군요.

지금 이 사무실도 그때 리모델링을 했어요. 장식용 전구에
집중하기로 하면서 한동안 여행을 다녔는데, 그즈음 프랑스
남부의 샤토 라 코스트라는 와이너리를 보러 갔어요.
와이너리 전체가 하나의 예술이에요. 장 누벨이 와인
저장고를 설계하고, 프랭크 게리가 콘서트홀을 설계했어요.
아트센터는 안도 다다오가 설계했죠. 그 와이너리의 슬로건이
감동이었습니다. "땅을 예술로." 돌아와서 우리 사무실부터

바꿨습니다. 사람이 환경의 지배를 받지 않습니까. 사무동을
최상흠 작가에게 맡겨서 6개월간 공사했어요. 골조만 남기고
싹 바꿨죠.

　　　클래식 전구는 인기가 정말 많았습니다. 저도 이
　　　전구로 일광전구를 알게 됐습니다.

클래식 전구를 출시하고 약 5년은 성업을 했습니다. 그쪽은
거의 석권을 했죠. 그러다 2017년부터 중국산 제품이 대거
등장하면서 경쟁력을 상실합니다. 제품은 똑같은데 가격이
높으니 팔리지 않는 거죠.

특허나 디자인 출원으로 보호할 수 있지 않았나요?

에디슨 전구와 진공관을 복원한 셈이니까 보호받기 어렵죠.
그 이후에도 저희가 파티용 조명을 개발해 시장에 내놓으니까
또 중국산 복제품이 대거 들어와서 시장을 가져갔어요. 그런
경험을 몇 번 겪고 나서 판단했죠. 독자 디자인을 갖춘 조명
기구에 매진해야겠다고.

아이디어 상품에서 고유 디자인으로 넘어간 거군요.

저희가 2021년 말에 내놓은 스노우맨은 국내 디자인 조명
기구 중에 아마 최고의 히트 상품일 겁니다. 그만큼 많이
나갔어요. 중국에서 카피 제품이 엄청나게 들어오지만, 이제는
방어가 되죠. 국내는 물론이고 유럽에도 디자인 출원을
했어요. 카피 제품을 발견하면 지금은 공문을 보냅니다. "카피
제품을 계속 판매하면 법적인 제재를 가하겠다." 그러면
끝입니다. 전에는 이걸 못했어요. 시행착오를 겪고 이제는
독자적인 디자인으로 가는 겁니다.

이제까지 두 번의 리브랜딩이 진행된 것 같습니다.
2007년 모두가 백열전구는 끝났다고 했을 때
장식용 백열전구로 전환했고, 2021년에는 전구에서
조명 기구로 전환했습니다. 리브랜딩이 뭐라고
생각하십니까?

기업이 시대 환경에 맞게 변화해 가는 겁니다. 기업 상황에
따라 자기가 잘하는 영역으로 가는 게 맞겠죠. 우리는 빛을 잘
이해했기 때문에 빛을 디자인하는 영역으로 간 거고요.

변화 과정에서 바꾸지 않은 것이 있습니까?

백열전구죠. 백열전구의 감성을 우리는 절대 버리지 않습니다.
우리가 이제 조명 기구 회사로 전환하지만, 백열전구를
단종시키지 않을 겁니다. 중국과 인도는 아직 생산하고
있으니까 거기에서 위탁 생산을 할 거고, 필요하다면 우리
생산 라인을 무상 제공할 수도 있습니다. 어떻게든 생산해서
국내로 가져와 계속 공급할 겁니다.

백열전구를 정말 좋아해서입니까, 아니면 기업의
스토리를 위해서입니까?

최초 인류는 정글에서 살았습니다. 먹을거리가 떨어지자
사바나로 나옵니다. 돌도끼 들고 짐승 잡으러 다니는데,
짐승이 가만히 있습니까? 인류는 그날부터 뛰기 시작합니다.
그렇게 수백만 년을 뛰면서 몸에 털이 빠지고 체온 조절
기능이 생깁니다. 이후 불을 발견하면서 음식을 구워 먹기
시작하고, 어금니가 작아지고, 턱이 들어가고, 뇌 용량이
커집니다. 인류의 유전자에는 동굴 속에서 모닥불을 피웠던
추억이 있습니다. 산업화된 불 중에 모닥불에 가장 가까운

불이 전구고요. 전구의 쓰임이 줄 수 있어도 사라지지는 않을
겁니다. 사람의 기분을 좋게 만드니까요. 영원할 겁니다.
그래서 저는 전구를 좋아합니다.

리브랜딩: 리브랜딩은 어떻게 진행됐나

일반적으로 리브랜딩은 특정 기간에 집중적으로 이뤄진다.
리브랜딩이 결정되면 내부 TF 또는 외부 전문가에게
프로젝트를 의뢰한다. 새로운 브랜드 아이덴티티가 나오면
CI부터 명함, 간판, 패키지, 웹사이트를 한 번에 교체한다.
일광전구는 달랐다. 리브랜딩은 8년에 걸쳐 이뤄졌고, 여전히
진행 중이다.

2012년 6월 일광전구는 클래식 전구를 출시한다. 고가의
장식용 전구여서 고급스러운 패키지가 필요했다. 김홍도
대표는 디자인 스튜디오 064의 권순만 대표에게 패키지
디자인을 의뢰한다. 이 작업을 계기로 리브랜딩이 시작된다.
패키지, CI, 슬로건, 웹사이트, 마케팅 방식이 달라진다.
60년 된 전구 회사의 리브랜딩 작업은 화제를 모았지만, 전구
수요 감소를 막을 수는 없었다. 2016년 일광전구는 조명
기구 시리즈 IK를 출범한다. 2021년 5월 IK를 본격 확대하고
조명 기구 회사로 전환한다. 그해 연말 스노우맨을 출시하며
조명 기구 시장에 안착한다. 일광전구의 리브랜딩 과정을
살펴본다.

롱라이프 브랜드

일광전구는 2012년 클래식 전구를 출시하고 패키지
디자인을 외부에 의뢰한다. 그 프로젝트를 계기로 브랜드
리뉴얼이 시작된다. 리브랜딩을 총괄한 권순만 디자인팀장을
인터뷰했다.

리브랜딩 작업은 어떻게 시작됐습니까?

2012년 초에 지인 소개로 김홍도 대표님을 만났어요.
당시 저는 디자인 스튜디오에 다니면서 독립을 생각하던
시기였어요. 클래식 전구 패키지 디자인을 의뢰하셔서
백열전구 산업을 조사해 봤더니, 전구가 곧 퇴출당할
상황이었어요. 대표님은 패키지를 리뉴얼해서 전구의 새로운
모습을 보여 주고 싶어 하셨어요. 패키지를 바꾸는 건 쉽죠.
그런데 패키지를 바꾼다고 회사가 살아날 것 같지 않았어요.

그럼 어떻게 하면 회사가 회생할 것 같았나요?

브랜드 전반을 리디자인해서 새롭게 태어나는 회사로

만들고 싶었어요. 당시 대표님은 패키지 디자인 하나를
의뢰하신 거니까 제가 이런 얘기를 하면 그럴 수 있죠, 정도로
받아들이셨어요. 그때부터 제안서를 준비하기 시작했어요.
나중에 세어 보니까 20개가 넘더라고요.

제안서에 어떤 내용을 담았습니까?

제안서 제목이 MP였어요. 일광전구의 마스터플랜. 그 문서에
의뢰해 주신 패키지 디자인에 관한 내용은 10~20퍼센트밖에
없었어요. 나머지는 업계 동향이나 성공한 디자인 리뉴얼
사례로 채웠어요. 대표님이 조금씩 공감하시길래 나중에는
일광전구가 어떻게 바뀌어야 하는지까지 준비해서 보여
드렸어요.

ILKWANG LIGHTINGS
MASTER PLAN 2013 - 2018

V1.0.0   2013.03.18

제품 박스 디자인 하나를 의뢰받았을 뿐인데, 왜
그렇게까지 공을 들였습니까?

제가 그즈음에 회사를 나와서 064라는 디자인 스튜디오를
차렸어요. 제대로 된 브랜드를 만들고 싶은 욕심이 있었어요.
회사에 다니면서 해외 레퍼런스 위주로 공부를 했거든요.
국내에도 그런 사례를 만들고 싶었죠. 패키지 디자인 의뢰를
받고 일광전구를 방문했는데, 공장이 주는 아우라가 있었어요.
한눈팔지 않고 하나만 해온 역사가 스토리로 만들기에 굉장히
좋은 콘텐츠라는 생각이 들었어요. 이제 8년쯤 지나서 조명
디자인을 적극적으로 하고 있지만, 그때 이미 전구를 잘하면
나중에 조명 디자인을 할 수 있겠다고 생각하고 시작했어요.

그때부터 조명 기구를 염두에 두셨군요.

디자이너로서 욕심이 있었어요. 디자이너라면 죽기 전에
상징적인 제품을 만들어 보고 싶을 거예요. 의자, 시계 같은
거죠. 디자이너 이름을 붙인 제품들이 있잖아요. 조명도
여기에 포함된다고 생각했죠.

리뉴얼의 콘셉트는 뭐였나요?

롱라이프(long-life) 브랜드로 만드는 것이었어요. 대표님도
이걸 원하셨어요. 오래 쓸 수 있는 디자인이면 좋겠다는
얘기를 많이 하셨어요. 2010년대 초반에 브랜드를 리뉴얼하는
기업들이 조금씩 나오기 시작했는데, 키치한 게 많았어요.
키치가 나쁜 건 아니지만, 헤리티지가 있는 브랜드마저도 다
키치하게 하는 거예요. 오직 주목받기 위해서만 리뉴얼한
것들이 좋아 보이지 않았어요. 1~2년만 지나도 다시 낡은 게
되니까요. 우리는 진중하게, 옛날 것을 끄집어내는 디자인을
하고 싶었어요. 자연스럽게 롱라이프 디자인을 생각했죠.
디앤디파트먼트 창업자인 나가오카 겐메이가 처음 사용한
용어인데, 좋아하는 말이에요. 타임리스(timeless) 디자인을
하고 싶은 거죠.

대표님을 설득하기까지 얼마나 걸렸습니까? 쉬운
결정이 아니었을 텐데요.

오래 걸렸어요. 회사 대 회사로 계약이 돼야 하는
문제였으니까요. 대표님과 대화가 잘 통했지만, 그래도

패키지 디자인 하나를 의뢰하신 건데 브랜드 리뉴얼까지
단번에 결정하기는 어렵죠. 그래서 제가 디자인을 얼마나
잘할 수 있는지 확신을 드려야 했어요. 가장 좋은 방법이 상을
받는 거였어요. 2014년 봄에 일본 '굿 디자인 어워드(GOOD
DESIGN AWARD)'에 클래식 전구 리뉴얼 패키지를 출품해서
상을 받았어요. 리뉴얼의 토대를 만든 이벤트였다고 생각해요.

전구 회사로는 세계 최초 수상이었다고 들었습니다.
패키지 디자인 보수가 상당했겠는데요.

그때 50만 원 받았습니다. 대학생 때 디자인 아르바이트를
해도 몇백만 원은 받았는데, 저한테는 금액이 중요하지
않았어요. 다른 기업 프로젝트를 틈틈이 하면서 일광전구

브랜드를 키워 갔죠. 10년은 키워서 대박을 내야겠다는
생각으로 시작했어요. (웃음)

클래식 전구 출시는 2012년 6월인데, 어워드를 받은
건 2014년 10월입니다. 사이에 시간이 비는데요.

클래식 시리즈 패키지가 세 번 바뀌었어요. 패키지의 소재나
콘텐츠를 조금씩 보완하면서 세 번째 패키지까지 나왔고,
그걸 출품해서 수상한 거예요. 원래 패키지의 제작비가 개당
100원이었다면 나중에 만든 건 500~600원까지 갔어요. 첫
번째 패키지에는 사진도 없었어요. 사진이 있다는 건 사진
촬영 비용이 든다는 얘기잖아요. 이런 부분을 설득하는 과정이
섬세하고 복잡했어요.

패키지에서 제품군을 알아보기 쉽게 재정의한 게 눈에 띕니다.

패키지를 디자인할 때 대구 본사에서 데이터를 줬어요. 제품명, 품명, 모델명, 정격, 광속, 사이즈, 색온도 등 법적으로 꼭 들어가야 할 내용이 무엇이라는 메일을 받았는데, 무슨 말인지 하나도 모르겠더라고요. 철저하게 생산자 위주의 용어였어요. 그래서 먼저 제품군을 구분하기 위해 알파벳 시스템을 제안했어요. 클래식 전구는 C, 장식용 전구는 D, 파티 조명은 P, 이런 식이죠. 소비자가 필요한 제품을 더 쉽게 찾을 수 있도록 했어요.

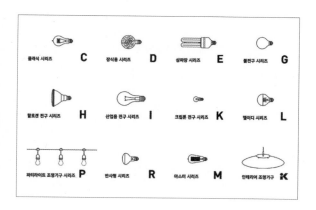

패키지를 단순히 예쁘게 만드는 데 그치지 않고
사용자 경험을 고려했네요.

패키지에 들어가는 정보를 소비자가 습득하는 순서대로
배치했어요. 패키지 전면에는 로고와 사진만 넣었어요. 박스를
돌리면 제품명과 볼트, 와트 정보가 나와요. 한 번 더 돌리면
세부 사항이 나오죠. 소비자가 제품을 만나고 보는 순서에
따라 정보를 배치했죠.

수상 이후 계획대로 브랜드 리뉴얼에 속도가
붙었나요?

그 이후에도 대표님에게 계속 이야기를 드렸어요. 리뉴얼을
통으로 다 하자고는 하시지 않았지만, 명함, 현수막, 인쇄물
같은 간단한 작업을 요청하시기 시작했어요. 별도로 돈을 받지
않고 작업을 해드리면서 계속 설득했죠. 홈페이지도 만드셔야
하고, 로고도 바꾸면 좋겠고. 그러다가 본격적으로 리뉴얼에
들어가게 됐어요. 기억이 가물가물한데 2014년쯤일 거예요.

첫 미팅 이후 2년 넘게 기다렸던 일인데, 어떤
작업부터 시작했나요?

앞으로 리뉴얼 과정을 하나씩 보여 드리기 위해 페이스북
계정을 개설해서 사진을 올리고, 제품 패키지를 리뉴얼하고,
홈페이지를 열었어요. 사람들에게 브랜드의 진심을 보여
주기 시작하니까 콜라보 제안이 굉장히 많이 들어왔어요.
그렇게 아주 천천히, 자연스럽게 리뉴얼 작업이 진행됐어요.
일반적으로 큰 기업이 브랜드 리뉴얼을 할 때는 디자인
회사를 선정해서 계약을 맺고 전체 리뉴얼을 맡기는데, 저희는

달랐죠. 단계적으로 하나씩 해결하며 일이 진행됐어요. 그렇게 8년을 쌓아 오면서 리뉴얼이 이뤄졌죠.

디자인 스튜디오 064의 대표이면서 동시에 일광전구의 디자인팀장을 맡고 있습니다. 팀장 직함을 단 건 언제였나요?

리뉴얼을 하면서부터니까 2014년일 거예요. 당시 외부 미팅을 정말 많이 다녔어요. 대구 본사로 연락이 오면 저에게 전달돼서 제가 다 대응했어요. 그러면서 자연스럽게 팀장 역할을 맡게 됐죠. 직책도 제가 정했어요. 특별한 계기가 있었다기보다는 책임감을 가지고 일하기 위한 방법이었어요.

리브랜딩은 바꿔야 할 것과 바꾸지 말아야 할 것을 고르는 작업입니다. 각각 뭐라고 봤습니까?

이 부분에 대해서는 대표님과 이야기를 많이 했어요. 브랜드의 근간인 좋은 전구를 만드는 기본을 끝까지 지키기로 했어요. 소비자는 디자인이나 마케팅 때문이 아니라 품질 때문에 전구를 선택해요. 더 좋은 제품을 만들려는 마음가짐은 끝까지

지켜야죠. 반면 소비자는 계속 바뀌고 있어요. 젊은 친구들과
소통하려는 노력은 시대에 맞게 해나가야죠.

심벌도 다시 만들었습니다.

기존 심벌에 숫자를 하나 추가했어요. 헤리티지를 보여 주는
쪽으로 브랜딩 방향을 잡으면서 회사 설립 연도인 1962를
더했죠. 헤리티지가 일광전구의 강력한 장점이라고 봤어요.
전구는 100년이 넘은 산업의 아이코닉한 제품이고, 쉽게
떠나보내기 어려운 오브제잖아요. 그걸 적절히 섞고 싶었죠.

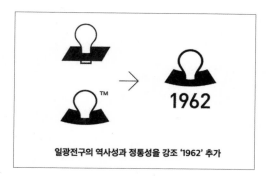

일광전구의 역사성과 정통성을 강조 '1962' 추가

떠나보내기 어려운 오브제라는 건 무슨 뜻이죠?

전구가 주는 따뜻한 느낌, 형태가 주는 귀여움이 있어요. 얘가
사라진다고 생각하면 아쉽죠. 실제로 정부에서 전구 퇴출을
발표하고 나서 연락을 엄청나게 많이 받았어요. 손 편지도
왔어요. 다른 제품을 만드는 공장이 생산을 중단한다고 하면
그런 연락이 올까요? 전구는 좀 달라요. 그래서 쉽게 포기하면
안 된다고 생각했어요. 해외 사례를 봐도 여전히 양초와
레코드판이 잘 팔리고 있었고요. 시대 변화에 잘 적응한
아날로그가 새로운 가치를 얻으며 더 발전하는 모습을 많이
봤어요. 전구도 그렇게 만들고 싶었죠.

> 리브랜딩이 기업의 겉모습만 바꾸는 건 아닐 겁니다.
> 일하는 방식, 생각하는 방식, 조직 문화도 함께 바꾸는
> 작업일 텐데요, 그런 점에서 'We make light'라는
> 슬로건이 인상적입니다.

회사의 마인드를 바꿀 수 있는 문구가 필요했어요. 당시
구성원들은 전구를 만드는 공장에 다닌다는 느낌이었어요.
백열전구가 가지고 있는 엄청난 가능성을 일깨우는 게 브랜드

리뉴얼의 핵심이었죠. 그래서 우리는 전구를 만드는 회사가
아니라 빛을 만드는 회사라고 한 거예요. 빛에는 희망의
개념도 있잖아요. 우리는 희망을 만드는 거예요. 빛을 통해
세상의 따뜻함을 만들어 내는 거죠. 지금도 쓰고 있고 모든
구성원이 좋아하는 문구예요.

내부 브랜딩은 구성원 반발에 부딪히는 경우가
많습니다. 익숙한 방식을 버려야 하니까요. 더구나
일광은 60년이 넘은 회사입니다. 내부 설득에
어려움이 많았을 것 같습니다.

초창기에는 우리가 왜 변화해야 하는지 해외 사례를 보여

드리는 작업을 주로 했어요. 일본에는 100년 가게가 워낙
많으니 일본이나 다른 해외 사례를 공유하고, 제가 좋아하는
브랜드들을 다 보여 드렸어요. 대구 본사에 갈 때마다 발표
자료를 준비해서 갔어요. 사실 소통이 매끄럽지는 않았어요.
밤새 준비해서 대구 내려가서 보여 드렸는데, 피드백이
없었으니까요. 저도 실망감이 있었죠. 3년 차까지 이걸
반복하다가 어느 순간 이런 생각이 들었어요. 지금까지 해오신
것들이 있는데, 갑자기 바꾸자고 하는 게 말이 안 되는 것
같더라고요. 저도 잘 안 바뀌는 사람인데요. 그 이후부터는
공감하기 어려운 사례보다는 브랜딩이 돈이 될 수 있다는 걸
보여 드리려고 했어요.

    돈이 된다는 건 무슨 뜻입니까?

매출이죠. 설득이 중요하지만 결국 증명은 숫자로 하는
거니까요. 공장이 잘 돌아가지 않고 매출이 발생하지 않으면
설득이 힘을 못 얻죠. 반대로 매출이 급증하고 재고가 떨어져
가면 회사가 다시 살아나는 거죠. 가만히 앉아 있을 수가
없잖아요. 분주하게 움직일 수밖에 없죠.

설득해서 움직이게 하기보다 움직일 수밖에 없도록
한 셈이네요.

브랜드 리뉴얼이 알려지면서 여기저기서 저한테 연락이 많이
왔어요. 그래서 제 명함에 개인 메일 주소 대신 회사 공용 메일
주소를 넣었어요. 본사 모든 구성원이 메일을 볼 수 있게 한
거죠. 제가 서울에서 미팅을 하고 나면 본사로 계속 연락이
왔어요. 제품 구매부터 콜라보, 전시 제안, 취재 요청, 이런
연락이 쌓이는 거예요. 이 과정에서 구성원들이 자연스럽게
변화를 느끼셨을 거예요. 전구만 만들던 우리 회사가 바뀔 수
있겠다는 희망을 품기를 바랐어요.

외부 자극이 있으면 하나로 뭉치기 쉽죠.

저는 사람들이 일광에 기대하는 걸 알고 우리도 할 수
있다는 자신감이 있는데, 이 자신감을 공유하려고 해도 잘 안
돼요. 그래서 소비자 설문 조사도 활용하고 있어요. 2021년
리빙페어 때 QR코드를 이용해서 설문 조사를 했는데, 수천
명이 응답해 주셨어요. 설문 조사로 마케팅 방향을 잡는 것도
중요하지만, 팀원들을 독려하는 게 더 중요하다고 생각했어요.

제가 직접 말하는 건 힘이 없지만, 수천 명이 한마음 한뜻으로 이야기하면 구성원들이 동요될 수 있잖아요.

바꾸고 싶었지만, 아직 바꾸지 못한 것이 있다면 뭔가요?

요즘도 대중 매체에서 전구 일러스트가 많이 쓰여요. 반짝이는 아이디어가 떠오를 때 주로 사용하죠. 전구가 크리에이티브를 상징하는데, 우리도 더 크리에이티브한 회사가 되어야죠. 또 그런 제품을 만들고 싶고요.

IK

일광전구는 2016년 조명 기구 시리즈 IK를 내놓는다. 이때만
해도 여러 제품군 중 하나였다. 2021년 5월 IK를 확대하며
조명 기구 회사로 전환한다. 리브랜딩의 핵심이 된 IK의
시작과 진행 과정을 살펴본다. 권순만 디자인팀장, 김시연
마케팅팀장을 인터뷰했다.

2016년 조명 기구 시리즈 IK를 출범합니다. IK는
어떻게 시작됐습니까?

권순만: 2012년에 출시한 클래식 전구 시리즈가 잘 나갔지만
얼마 못 갔어요. 너무 잘되니까 거의 같은 제품을 중국에서
가져와서 더 싸게 파는 업체들이 많이 나왔어요. 그다음에
출시한 파티라이트라는 야외 조명도 반응이 괜찮았지만,
매출이 점점 줄어드는 게 보였고요. IK 시리즈를 시작한 건
어떻게 보면 제 단독적인 결정이었어요. 저희가 2016년에
처음으로 리빙페어에 나갔는데, 전구만 가지고 나갈 수
없으니 조명 기구를 하고 싶다고 대표님께 말씀드렸죠.
마스터플랜에도 있던 얘기였고요.

전구 회사가 리빙페어에 나가기로 한 이유가
뭐였나요?

권순만: 우선 소비자와 소통하고 싶은 니즈가 컸어요. 또
리빙페어가 1년에 한 번 열리니까 회사에 타임라인을 설정해
드리고 싶었어요. 리빙페어 일정에 맞추기 위해 엄청나게
노력해야 하는 상황이 생기는 거죠.

그 전에는 타임라인이 없었습니까?

권순만: 연간 목표와 세부 계획을 세우고 일정을 관리해야
하는데, 그러지 않았어요. 전구는 만들면 도매로 다
나가니까요. 안 나가는 제품도 창고에 쌓아 두면 몇 년 안에
팔릴 테니 걱정하지 않고요. 제품을 개발하려고 협력 업체에
발주할 때도 데드라인이 없었어요. 완성되면 연락 달라는
식이었죠. 3개월이든 6개월이든 연락이 올 때까지 일광은
컴플레인을 하지 않아요. 그때는 제가 마케팅을 했는데 답답한
거예요. 크리스마스에 제품을 판매해야 하는데 본사에서
연락이 없으니까요. 소비자 중심으로 브랜드를 변화시키고,
디데이에 맞추는 업무 방식을 만들기 위해 리빙페어는 좋은
수단이 됐죠.

당시 리빙페어에는 어떤 제품을 가지고 나갔나요?

권순만: 그때 저희는 전구만 있었어요. 일정이 빠듯해서 지방 일정을 하루에 세 개씩 잡으면서 생산업체를 돌아다녔어요. 와이어 만들고 대리석, 콘크리트 찾으러 다니고. 그렇게 해서 전구류와 함께 조명 기구 다섯 개를 전시했어요. 다섯 개는 돼야 이슈가 된다고 생각했거든요. 산업 소재를 썼기 때문에 이름을 IK ARCHI 시리즈라고 했어요. 건축(architecture)의 영문 앞 글자를 따왔죠.

초창기에 만든 조명 기구는 전구가 두드러지는 디자인입니다.

권순만: 그렇게밖에 할 수 없었어요. 지금은 소재를 다양하게 쓰고 가공도 정교하게 하지만, 당시에는 제가 많은 부분을 담당하다 보니까 쉽게 만들고 쉽게 조립할 수 있는 제품을 해야 했어요. 리빙페어에서 반응이 제일 좋았던 제품이 와이어 스탠드였는데, 와이어에 전구만 끼워서 팔았어요. 이건 와이어 업체 하나만 제가 잘 설득하면 되는 거잖아요.

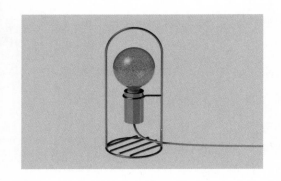

그때만 해도 IK 시리즈는 클래식 전구(C), 장식용
전구(D)처럼 일광전구의 라인업 중 하나였죠?

권순만: 여러 카테고리 중 하나였죠. 그런데 전체적으로
판매가 아주 좋지는 않았어요. 쉽게 만든 걸 소비자도 아는
거죠. 오래된 전구 회사가 리뉴얼하는 과정이 여러 매체에
소개되면서 관심을 받았지만, 충분히 좋은 제품을 개발하지
못해 매출로 이어지지는 않았어요.

IK 시리즈는 초창기에 디자이너와 마케터 사이에서 입소문이 났지만, 그래도 대중적인 제품이 되지는 못했습니다.

권순만: 2018년부터 가능성이 조금씩 보이기 시작했는데, 탄력을 붙일 수 있는 투자와 인력 지원이 이뤄지지 않았어요. 대표님은 매출이 일어나면 투자를 하겠다고 하시고, 저는 투자를 해야 매출이 일어난다고 하면서 충돌했죠. 브랜드의 가능성은 확인했지만, 신제품이 나오지 않으면서 브랜드 활동도 점차 소극적으로 변했어요.

고민이 많았겠습니다.

권순만: 2019년 말이었을 거예요. 출시한 지 오래된 제품들만 있으니 매출이 급감하고, 저도 동기 부여가 되지 않으면서 힘이 빠졌어요. 대표님에게 제 역할이 끝난 것 같다고 말씀드렸어요. 사이에 시간을 두고 세 번을 얘기했어요. 그때마다 대표님이 조금만 더 해보자고 하셨죠.

상황 변화 없이 무작정 더 해보기로 한 건가요?

권순만: 제가 마지막 카드를 던졌어요. 계속하려면 영업할
사람을 데려와야 한다고 말씀드렸어요. 아무리 좋은
브랜드라도 고객의 소리를 들을 수 없다면, 제품을 판매하지
못한다면 무슨 소용이겠어요. MD와 협의해서 더 좋은 위치에
우리 제품을 배치하고 소개할 조력자가 필요하다고 말했어요.
그렇게 해서 대표님 아들인 김시연 마케팅팀장이 2020년
12월에 합류해요. 후계자가 될 사람이었으니까 언젠가 오려고
했겠지만, 이렇게 빨리 올 생각은 없었을 거예요. 꾸준히
설득했어요. 김시연 팀장이 합류하면서 이제 저는 디자인에
온전히 집중할 수 있는 상황이 됐죠.

김시연: 그때 저는 건설사 마케팅팀에서 일하고 있었는데,
건설 분야가 근무 강도가 세서 힘들기는 해도 일을 많이 배울
수 있었어요. 원래는 몇 년 더 일할 계획이었어요. 그런데
전구 업계가 가파르게 하락하고 있고, 회사 매출도 급격하게
떨어지고 있다고 들었어요. 그래서 좀 앞당겨서 입사하게 됐죠.

김시연 마케팅팀장이 합류한 이듬해인 2021년 5월 리빙페어를 기점으로 IK에 힘이 실립니다. 이때부터 전구 회사에서 조명 기구 회사로 피보팅합니다.

권순만: 김시연 팀장은 후계자로 합류한 거라 회사를 살리려는 본인만의 전략이 있었을 거예요. 전구만으로는 답이 없다고 판단한 것 같아요. 합류 초기에 그동안의 리뉴얼 과정과 경험, 산업의 기회에 대해 정말 많은 이야기를 했어요. 대표님이 아버지이지만 사업적으로는 모를 테니까 대표님이 어떤 분인지까지 얘기했어요. 회사 상황과 가능성을 확인하면서 조명 기구에 확신을 갖게 된 것 같아요.

김시연 팀장님, 왜 조명 기구로 가야 한다고 생각했습니까?

김시연: 조명 기구 시장을 크게 구분하자면 카피 제품과 브랜드 제품으로 나뉘어요. 현재는 카피 제품의 비중이 어마어마하게 커진 상태인데, 최근 들어 브랜드 조명에 조금씩 힘이 실리는 것 같아요. 짧게는 3년, 길게는 10년은 브랜드 시장이 성장할 거라고 봐요. 그래서 조명 기구에 투자해도

괜찮겠다고 생각했죠.

브랜드 시장이 성장할 것 같다고 판단한 이유는
뭔가요?

김시연: 생활에서 느껴져요. 조명을 많이 소비하는 사람들이
딱 제 나이 또래인 30대 초반과 중반이에요. 많은 사람이 카피
제품으로 조명에 입문해요. 쓰다 보면 느끼죠. 내가 쓰는 게
카피 제품이었구나. 그 이후에 오리지널 디자인을 찾게 돼요.
그 루틴을 저도 겪었고 주변 사람들도 똑같이 겪는 걸 보고
들으면서 더 가치 있는 브랜드가 소비된다는 걸 믿게 됐어요.

확실히 요즘 젊은 세대는 이전 세대보다 조명에
관심이 많습니다. 왜일까요?

김시연: 코로나의 영향이 클 거예요. 실내 생활이
늘었으니까요. 자기 공간에 애착이 생기는 시기였죠. 사람들이
집을 꾸미기 시작하면 첫 번째로 손대는 게 가구예요. 가구를
어느 정도 세팅하고 나면 다음 순서는 조명이 될 확률이
높다고 봐요.

조명 기구를 강화하면서도 일광전구라는 브랜드를
여전히 사용하고 있습니다. 조명과 전구는 언뜻
보기엔 비슷해 보여도 완전히 다른 제품입니다.
소비층도 가격대도 차이가 크죠. 전구 사업이 조명
사업에 마이너스가 될 거라는 생각은 안 하셨나요?

 김시연: IK는 적게는 10만 원부터 많게는 80만 원짜리
조명을 만드는 브랜드인데, 몇백 원짜리 전구 브랜드의
이름을 같이 사용하는 게 맞나, 하는 고민을 많이 했어요.
소비자가 일광전구 온라인 몰에 들어왔는데, 몇백 원짜리
제품 옆에 20만 원짜리 조명이 있으면 어색해 보이지 않을까

마음에 걸렸죠. 현재는 그걸 소비자들이 개의치 않고 오히려 브랜드 경험으로 생각해 주신다고 보고 있어요. 저희는 IK가 일광전구처럼 국민적인 브랜드가 되는 걸 목표로 해요. 그래서 일광전구라는 타이틀을 계속 가지고 가려고 합니다.

회사의 핵심 제품을 전구에서 조명으로 전환하면서 일하는 방식도 많이 달라졌을 텐데요, 구성원들이 적응에 어려움을 겪지는 않았습니까?

김시연: 과거에도 조명 기구를 하기는 했지만 한 달에 몇 개밖에 팔리지 않았어요. 생산팀 입장에서는 일주일에 몇 시간만 내서 조립해 놓으면 아무 문제가 없었죠. 그러다가 2021년 5월 전후로 소비자들이 IK를 인식하기 시작했고, 그해 연말에 스노우 시리즈가 나오면서 매출이 급증해요. 조명 매출이 전구 매출을 넘어서면서 기존 전구 업무는 그대로인데, 또 이만큼 일이 추가되는 것에 대해 초반에는 갈등이 조금 있었어요.

근무 강도 증가는 신규 채용으로 해결할 수
있는 문제라 그나마 수월하죠. 조명 기구 시장에
본격적으로 뛰어드는 것에 대한 설득도 필요했을 것
같습니다.

김시연: 많이 대화했어요. 제가 생각하는 업황이라든지, 어떤
제품을 해야 매출을 일으킬 수 있다든지. 처음에 회사에 갔을
때는 조명 시장에서 우리 경쟁자가 누구인지, 어떤 브랜드가
있는지 다들 모르고 계셨어요. 조명 시장에 대한 스터디가 안
돼 있는 상태였죠. 그래서 제가 시장을 보며 느끼는 것들을
정리해서 말씀드렸어요. 매주 월요일에 팀장급 회의가 있어요.
그 자리에서 우리가 디자인적으로, 품질적으로 완성도 있는
제품을 만들면 분명히 더 잘될 수 있다는 얘기를 자주 했어요.

팀장 몇 명이 동의하더라도 전체 구성원에게
미래상이 전달되기는 쉽지 않았을 텐데요.

김시연: 힘든 과정을 거치기는 했지만, 구성원 대부분이
오래된 회사와 브랜드에 대한 애정으로 잘 따라와 주셨어요.
제가 뭔가 대단하게 설득한 건 아니에요. 다행히 저희 제품이

소비자가 원하는 방향이었어요. 2021년 8월부터 주문이
갑자기 늘더니, 12월에 스노우 시리즈가 나오면서 소비자
반응을 실감하게 됐죠. 한 달에 몇백 개 팔리던 게 수천 개씩
팔리니까요. 저도 그렇고 구성원 모두가 하니까 된다는 걸
실감했어요. 최근 몇 년간 매출이 계속 줄면서 노력해도 안
된다는 부정적인 생각이 있으셨을 텐데, 짧은 기간 안에
확실한 성과가 일어난 게 제일 주효했다고 생각해요.

　　　　이듬해인 2022년 2월에 열린 리빙페어에서 달라진
　　　　반응을 몸으로 느꼈겠습니다.

김시연: 스노우 출시 이후 IK 판매량이 급증할 무렵에
나간 리빙페어였어요. 전구 없이 조명 기구만으로 참여한
첫 리빙페어였고, 2022년은 회사가 창립 60주년이 되는
해였어요. 리빙페어에 참여하면 부스 운영 때문에 대구 본사
직원들이 왔다 갔다 할 일이 많아요. 그동안 데이터로만
느꼈던 우리 성과를 체감했던 자리였어요. 5일 내내 부스 앞에
사람들이 줄을 섰던 몇 안 되는 부스 중 하나였어요. 그 의미가
정말 컸어요. 전체 직원이 성과를 체감하면서 의지가 생긴
계기였어요.

일광전구는 여전히 리브랜딩 중입니다. 리브랜딩
작업이 얼마나 진행됐다고 생각하십니까? 이 작업은
언제 끝날까요?

김시연: 종료 시점에 대해서는 생각해 보지 않았어요. IK라는
브랜드를 본격적으로 시작한 지 2년밖에 안 됐으니까요.
리브랜딩이라고 한다면 일광전구의 리브랜딩이라는 의미도
있지만, IK를 설립한다는 의미도 있는 것 같아요. 그 작업이
끝나려면 아직 멀었다고 생각합니다.

권순만: 원래 계획대로면 지금 해외로 진출했어야 하는
시기예요. 2012년에 제안서를 만들면서 대표님에게 조명

기구를 해야 한다는 얘기를 많이 드렸는데, 제안서상에서는
그 시점이 꽤 빨랐어요. 이제 도약할 수 있는 발판 정도를 밟은
단계라고 생각해요. 30~40퍼센트쯤 되지 않았을까 싶습니다.

리브랜딩은 기업의 겉모습뿐만 아니라 조직 문화와 일하는
방식까지 바꾼다. 리브랜딩 과정에서 조직 내부가 어떻게
달라졌는지 살펴본다. 이강록 관리팀장, 김호진 개발팀장을
인터뷰했다.

회사에서 뭔가를 바꿔 보자는 얘기가 언제부터
나왔습니까?

 이강록: 백열전구 퇴출 결정 때부터입니다. 백열전구가
2013년과 2014년 두 번에 걸쳐 단계적으로 퇴출됐는데, 정부
발표가 나왔을 때 리브랜딩 얘기가 나오기 시작했습니다.
다들 예상하는 거죠. 몇 년 후에 가정용 백열전구의 생산과
판매가 중단되면 판매량이 급감할 것이다, 그럼 다음 먹거리를
무엇으로 해야 할까. 이 고민이 시작된 거죠. 대표님이 권순만
디자인팀장을 외부에서 영입하면서 그 작업이 조금씩 진행된
거죠.

한 번에 확 바뀌지는 않았습니다. 리브랜딩이 오랜 기간 천천히 진행됐습니다.

이강록: 오래 걸렸죠. 7~8년 정도 이런저런 시도를 하면서 계속 시간이 흘렀습니다. 김시연 마케팅팀장이 오고 나서 급격하게 바뀌었죠. 지금처럼 바뀐 건 2021년 하반기 정도부터인 것 같습니다.

김호진: 처음에는 디자인팀이 주도적으로 리브랜딩 작업을 했습니다. 오랫동안 했죠. 저는 개발팀장이니까 리브랜딩 과정에서 디자인팀과 커뮤니케이션이 많았지만, 구성원 전체로 전파되는 데에는 어려움이 있었죠. 예전부터 일하던 방식에 익숙해져 있었으니까요.

마케팅팀장이 합류한 이후 크게 달라진 점은
뭐였습니까?

이강록: 판매와 영업입니다. 회사 역사가 60년이 넘었지만,
그동안 영업팀이 없었습니다. 대표님이 직접 영업을 하기도
했고, 영업이 크게 필요 없기도 했어요. 전구를 만들면 바로
도매로 보냈으니까요. 도매 영업도 많이 할 필요 없이 그냥
물건이 있으면 다 나가는 상황이었어요. 그러다 보니까
영업팀이 없었는데, 김시연 팀장이 오면서 마케팅팀을 꾸리고
마케팅팀이 영업도 맡았어요. 그러면서 조명 기구 매출이 눈에
띌 정도로 오르기 시작했습니다.

전구 회사에서 조명 기구 회사로 전환하면서 일하는
방식도 많이 달라졌겠습니다.

이강록: 완전히 바뀌었죠. 가장 큰 변화는 회사가 젊어졌다는
겁니다. 종전에는 부녀 사원이 많았는데, 한 분은 대표님보다
일찍 입사하셨어요. 숙련공이죠. 그분이 없으면 생산 라인을
돌리기 어렵습니다. 그러다 보니까 이분들 중심으로 현장이
돌아갔는데, 조명 기구로 넘어가니까 이분들이 그 작업을

하기가 좀 어려워요. 조명 기구는 부품이 작은 게 많습니다. 연세가 있고 눈이 어두워지니까 조립 작업을 하기 힘들죠. 그러다 보니 작업 파트가 젊은 직원들 중심으로 돌아갈 수밖에 없어요.

도매상을 상대하던 B2B에서 고객을 직접 맞는 B2C로 넘어가면서 고객 응대 방식에도 변화가 있었을 것 같습니다.

이강록: 그렇죠. 저희가 전구를 판매할 때는 제품에 문제가 생기면 담당자한테 바로 전화가 왔어요. 조명 기구를 판매하고부터는 온라인 중심으로 움직입니다. 그러다 보니까 CS 업무도 별도로 팀을 꾸려야 하는 상황이 됐어요. 최근에 인력을 한 명 더 충원한 상태입니다.

CS 업무도 아직은 낯설겠습니다.

이강록: 단순 변심에 의한 반품인데 제품 하자를 주장하면서 반품하는 경우가 있어요. 일반적인 온라인 판매 정책상 단순 변심에 의한 반품의 배송비는 고객 부담이에요. 그런데

고객은 제품에 문제가 있었다면서 못 내겠다고 하시죠.
가이드라인대로 하자니 고객이 너무 강하게 나오고, 고객
주장대로 하자니 가이드라인이 소용없어지고. 직원들이
난감해하죠. 전구 도매는 이런 일이 없거든요. 불이 들어오냐,
안 들어오냐, 이걸로 불량을 판단하니까요. 기준이 명확하니까
CS 처리가 지금보다 수월했죠.

> 60년 넘은 회사가 최근 2년 사이에 급격하게 변하고
> 있습니다. 장기 근속자들은 아예 다른 회사에 다니는
> 듯한 어수선한 기분이 들 수도 있겠네요.

이강록: 누구라도 기존에 하던 방식에서 변화가 생기면 거부
반응이 일어날 겁니다. 저도 마찬가지입니다. 제가 1998년에
입사를 했어요. 지금 바뀐 업무를 보고 있는데, 안 하던 일을
갑자기 하다 보니까 자꾸 막히는 부분이 생기는 거죠.

김호진: 저도 비슷한 생각입니다. 그런데 거부감이라기보다는
변화를 못 따라간다는 게 더 맞는 표현인 것 같습니다.
변화에 대한 거부감이라고 하면 이거 하기 싫다, 못 하겠다,
이렇게 느껴지는데, 사실 익숙한 것을 벗어나는 것에 대한

거부감이라기보다는 익숙한 것을 못 벗어나는 겁니다. 일을
진행하는 사람이 볼 때는 변화를 거부하는 걸로 보이겠지만요.

반발은 없었습니까?

이강록: 안 하던 일을 하게 되니까 자꾸 막히고, 그러다 보니까
내가 이걸 왜 해야 하냐고 느끼는 일이 생기죠. 누구라도 그럴
겁니다. 이렇게 할 필요가 있나, 그냥 이렇게 하면 되지, 굳이
왜 바꾸려고 하나. 이런 부분이 분명히 나타납니다.

관리팀장으로서 어떻게 대처하셨나요?

이강록: 자리를 만들어서 대화를 나눴습니다. 그렇다고
설득하지는 않았습니다. 회사를 보셔서 아시겠지만
오래되다 보니까 가족적인 분위기가 있어요. 요새는 이런
표현이 나쁘게 쓰이는지 몰라도, 실제로 내 가족보다 오래
보는 사람들이니까요. 그러다 보니 중간중간에 편하게
이야기합니다. 누가 어려움을 토로하면 우리도 먹고살아야
할 것 아니냐, 지금처럼 계속 전구만 팔아서 되겠느냐, 이렇게
말합니다. 2014년부터 매출이 떨어지기 시작해서 7~8년간

계속 하락했거든요. 이런 상황이 이어지면 안 되잖아요. 우리가 회사에서 일하며 월급 받으려면 물건을 팔아야 하지 않냐, 이렇게 얘기하면 처음에는 거부감도 약간 보였지만, 시간이 흐르면서 자연스럽게 이해하고 지금까지 넘어오게 됐습니다.

처음 조명 기구를 하겠다고 했을 때부터 그런 동요가 있었습니까?

이강록: 우리는 전구 회사인데 왜 조명을 하냐, 하는 동료도 약간 있었죠. 그런데 초기에는 그런 반대가 오히려 덜했습니다. 조명 기구를 한다고 했을 때 우리가 저거 몇 개나 팔겠냐, 어디에다 팔겠냐, 이렇게 생각한 거죠. 그 시간이 생각보다 길었습니다. 조명 기구를 시작하고 5년 넘게 조명 매출이 많이 발생하지 않으니까 조명에 집중할 일이 크게 없었어요. 각자 원래 하던 일 하면서 추가로 약간만 챙기면 별 탈 없이 흘러가는 상황이었으니까요.

김호진: 지금이야 조립실 라인을 따로 만들었지만, 초창기에는 별도 라인 없이 사무실 내 작은 공간에서 조립했습니다. 조명

기구 수요가 많지 않았으니까요. 작은 공간 안에 테이블 하나 두고 개발팀 정명훈 대리하고 저하고 조립했죠.

그러다 2021년 말에 스노우 시리즈가 나오면서 상황이 급변합니다.

이강록: 그렇죠. 2021년 연말이 되면서 갑자기 주문이 밀려오는 거예요. 직원들이 제정신이 아니었죠. 만들고 출하하고 정리하고. 한 달에 몇백 개 팔리던 게 갑자기 몇천 개씩 팔려 버리니까 과부하가 걸리는 거죠.

시스템이 갖춰지지 않은 상태에서 주문이 폭주한 건데요, 어느 정도로 바빴습니까?

이강록: 전구를 만들 때는 연장 근로를 하지 않았고 할 이유도 없었어요. 그러다 2021년 연말부터 늦게까지 일을 안 하면 일을 처리할 수 없는 상황이 됐어요. 주말도 없었어요. 연장 근로에 대한 보상이 있었지만, 이렇게 한두 달이 더 지속되면 버틸 수 없겠다는 생각이 들 정도였어요. 직원들 불만이 나올 수밖에 없는 상황이 됐죠.

지금은 안정화가 됐습니까?

이강록: 그 이후로 인력을 계속 보충했습니다. 직원들 상황은 한결 나아졌죠. 현재는 자리를 잡는 중이라고 보면 됩니다.

조직 관리 측면에서 개선이 필요한 부분이 있다면 뭘까요?

이강록: 회사가 급격히 변화하다 보니까 파트별 인력 배치가 아직 최적화되지 않았어요. 지금 회사가 네 파트로 나뉘어 있습니다. 관리, 개발, 마케팅, 생산인데, 팀별로 인력 배치와 업무 분담에 대한 고민이 필요한 상황입니다. 현장 시스템도 바꿔야 해요. 재고를 쌓는 시스템으로 가야 합니다. 그래야 생산 효율이 올라가요.

재고를 쌓으면 생산 효율이 올라간다는 게 무슨 뜻인가요?

이강록: 주문이 들어올 때 대응하는 것과 재고를 쌓아 두는 것은 다릅니다. 주문에 매일 대응하게 되면 이런 문제가

생겨요. 만약 A, B, C 제품에 주문이 각각 열 개가 들어오면 그날 열 개씩 만듭니다. A 작업을 끝내고 B를 만들기 전에 부품을 다시 세팅하고, B가 끝나면 또 C를 세팅합니다. 세팅 시간이 들어가죠. 이런 문제도 있습니다. 내가 A를 열 개 만들 때 한 시간이 걸렸습니다. 그럼 세 시간을 하면 30개를 만들어야 하는데, 실제로는 32개가 나옵니다. 손에 익어서 속도가 빨라져요. 계획 생산이 그래서 유리합니다. 오늘 A를 만든다고 하면 세팅해 놓고 아침부터 저녁까지 그것만 만드는 거예요. 그러면 생산 숫자가 더 나옵니다. 내일 B를 만든다면 저녁에 업무 마치면서 다음 날 부품을 세팅해 두는 겁니다. 이게 저희가 전구를 생산할 때 하던 방식입니다. 작업 계획을 짜고 그대로 가는 거죠. 그러면 숫자가 더 효율적으로 나올 수밖에 없어요.

조명 기구 회사로 전환하면서 대구 공장의
레이아웃은 어떻게 변했습니까?

김호진: 지금 조립실이 전에는 외부 전극 형광 램프(EEFL)
생산 라인이 있던 자리입니다. 2007년에 EEFL 사업을
하려고 라인을 깔았죠. 그 라인을 걷어 낸 자리에 조립 라인이
들어왔습니다. 현장으로 들어가는 통로도 백열전구 생산
라인이 있던 자리였는데, 거기도 다 들어내고 조명 기구
부품을 보관하는 자리로 바꿨습니다. 전구는 자재가 단순하고
크기도 규격화돼 있지만, 조명 기구 부품은 다 제각각입니다.
그래서 높이 적재할 수가 없어요. 낮게 쌓아 두니까 공간을
많이 잡아먹어요.

이강록: 현재 공장 구성이 완성된 게 아닙니다. 기본적인 것만
갖춘 상태예요. 공간 활용을 위해 보완해야 할 게 많습니다.
지금 크게 봤을 때 조명 기구가 60여 개가 되는데, 이 제품들의
자재 공간이 엄청납니다. 현재는 군데군데 공간을 만들어서
활용하고 있는데, 이걸 한곳에 모아 팔레트를 쌓을 수 있는
랙(rack)을 설치하려고 합니다.

조명 기구 사업을 확대한 지 1년 반이 지났습니다.
전구와 조명, 일하기에 어느 쪽이 낫습니까?

이강록: 파트별로 다를 겁니다. 현장에서 생산하는 분들은
지금이 훨씬 좋을 거예요. 전구 생산은 여름에는 불 앞에
있으니 덥고, 겨울에는 춥습니다. 불을 켜니까 가슴 위로는
따뜻해도 다리 쪽은 추워요. 소음도 있습니다. 그런데 조명
기구 조립실은 환경 자체가 다르죠. 여름에는 시원하고
겨울에는 따뜻하니까 작업자들도 전구 생산보다 이쪽 일이
더 편하다고 해요. 반면 관리자들은 전구를 수십 년 하다
보니까 이제 몸에 익어 버렸어요. 조명 기구는 저희에게
새로운 파트이고 지금도 계속 진화하고 있어요. 전구는
신제품을 개발해도 하는 일이 정해져 있었어요. 그런데

조명 기구는 개발, 자재 수급, 조립 같은 일의 큰 덩어리는
반복되지만, 내용이 달라요. 모양에 따라 자재와 조립 방식이
달라지니까요. 힘이 좀 들죠.

지금 회사 분위기는 어떻습니까?

이강록: 어느 조직이든 불만은 있고 한 번씩 문제도 생깁니다.
하지만 이야기하면서 푸는 거죠. 저희는 최근에 입사한
분들을 제외하고는 대부분이 20년 가까이 일한 분들입니다.
30년 넘게 근무한 분도 있고요. 오랜 시간을 본 사이잖아요.
이야기를 많이 하고, 그래도 의견 충돌이 있으면 그 부분을
또 이야기합니다. 서로의 이야기를 들어주는 거죠. 지금 공장
전체로 보면 분위기가 나쁘지 않습니다.

김호진: 사실 분위기가 나빴던 적이 없습니다. (웃음) 하지
않던 일이니까 한 번에 다 받아들이기 어려웠지만, 지금은
새로운 업무에 익숙해져 가는 단계라고 봐요. 업무도 전환되고
신입 사원도 들어오면서 회사가 안정화되는 단계예요. 또
생산 시스템이 전구 중심에서 조명 중심, 온라인 중심으로
이동하면서 소비자의 요구 수준이 높아지고 있습니다.

전구와는 다르죠. 조직이 새로워지고 있습니다.

제품: 제품은 어떻게 만들어지나

일광전구는 조명 기구를 개발하기에 앞서 마케팅팀이
시장 조사를 진행한다. 국내외 조명 기구 회사의 라인업을
조사하고, 판매 데이터를 통해 소비자가 원하는 제품군과
적정 가격대, 형태와 색상, 소재를 파악한다. 매출 데이터로
확인하기 어려운 고객 선호 가치는 소비자 설문 조사를 통해
얻는다.

스펙이 결정되면 디자인에 착수한다. 도면이 나오면 개발팀의
작업이 시작된다. 가공업체에 도면을 넘기고 샘플을 만든다.
소재와 색상, 마감을 두루 살핀다. 양품이 나올 때까지 공법을
바꿔 가며 시제품을 여러 차례 제작한다. 디자인 의도가 잘
반영된 시제품이 나오면 양산에 들어간다.

일광전구는 조명 기구만 만드는 회사와 달리 여러 가지
광원을 보유하고 있다. 덕분에 다양한 광원을 활용해 조명을
만들 수 있다. 일광전구가 조명 기구 시장에 빠르게 안착한
원동력은 디자인에만 있지 않다. 공장이라는 물적 기반과
빛을 잘 아는 인적 기반이 있었기에 가능했다. 60년 역사의
산물이다.

전구 개발과 조명 기구 기획 과정을 들여다본다. 조명 시장의
트렌드도 살펴본다. 김홍도 대표, 김시연 마케팅팀장, 권순만
디자인팀장을 인터뷰했다.

전구는 첨단 기기가 아니고 부속품도 많지 않아 개발
과정이 아주 복잡할 것 같지는 않습니다.

김홍도: 전구류는 ISO(국제 표준) 규격이 있어서 개발이
까다롭습니다. ISO 규격에 따라야 하거든요. 전구를 소켓에
돌려서 끼우는 부분을 베이스라고 합니다. 이 규격이 나라마다
정해져 있어요. 유리구의 모양과 크기도 ISO 규격에 맞아야
합니다.

규격이 왜 그렇게 복잡하죠?

김홍도: 사람 생명과 직결되는 제품이니까요. 그래서 전구
디자인이 상당히 어렵습니다. 예를 들어 가정용 백열전구는
유리구의 지름을 60밀리미터 이내로 한다, 이런 규격이
있습니다. 그보다 크게는 못 만들지만, 거꾸로 말하면
작게 만드는 건 괜찮습니다. 55밀리미터, 45밀리미터,
35밀리미터는 만들어도 된다는 거죠. 저희는 시대 흐름이
콤팩트로 간다고 생각했습니다. 더 작게 만들면 새로운 시장이
생길 거라고 봤어요.

전구를 만드는 과정이 궁금합니다.

김홍도: 먼저 유리구를 생산합니다. 과거에는 우리 공장에서
유리구를 직접 만들었어요. 유리를 녹여서 사람이 대롱으로
일일이 다 불어서 만들었죠. 1990년대 들면서 협력 업체에
맡겼습니다. 자재가 만들어지면 가공을 합니다. 반제 가공도
협력 업체에 의뢰합니다. 모든 자재가 준비되면 우리 공장에서
기계를 돌려 양산하는 겁니다.

양산 과정은 어떻게 됩니까?

김홍도: 5~7개의 기계를 세팅하고 동시 동작을 시킵니다.
필라멘트를 넣는 기계, 베이스를 부착하는 기계, 이런 기계가
쭉 이어져 있어요. 아이템에 따라 다르지만 보통 분당
20~30개를 생산합니다. 30개라면 시간당 1800개가 나오고,
하루 8시간 작업하면 1만 5000개쯤 생산하죠.

품질 관리는 어떻게 하나요?

김홍도: 생산일로부터 3일 정도를 사내에 보관합니다. 유리는

시간이 지나면서 응력에 의해 크랙(crack)이 날 수 있어요. 그럼 불량이죠. 그래서 3일 후에 전수 검사를 합니다. 과거에 어떤 회사는 생산 당일에 검사해서 출하했어요. 그러면 유통 중에 불량이 1~2퍼센트 발생하죠.

양산 과정에서 가장 신경 쓰는 점은 뭔가요?

김홍도: 양산 공장에서는 핵심이 두 가지입니다. 기계가 고장 나지 않고 계속 생산되는 시간, 즉 가동률. 둘째로는 제품 전체에서 양품이 얼마나 되는지를 보는 양품률. 이 두 개의 관리를 품질 관리라고 합니다. 두 데이터를 중점적으로 관리하면 품질 수준이 계속 올라갑니다. PDCA 사이클이라고

하는데, 품질 관리의 기본입니다. 현장에서 Plan(계획), Do(실행), Check(평가), Action(개선)을 무한 반복하면서 품질 관리를 합니다. 시행착오 없이 좋은 제품이 나올 수 없습니다.

기계가 하는 일인데, 오류가 발생할 수 있습니까?

김홍도: 예를 들어 전구를 만들 때 전구 내부를 진공 상태로 만든 다음, 아르곤과 질소를 혼합해서 넣습니다. 질소만 넣으면 밝기가 잘 안 나와요. 두 가스를 혼합하는 노하우가 있습니다. 우리가 배합비를 실험해서 최적의 비를 찾아내면 아예 혼합 가스를 발주합니다. 그럼 가스 회사가 갖다주는 거예요. 그런데 양산 과정에서 한 번씩 오류가 일어납니다. 우리는 5 대 5 배합을 주문했는데, 어떤 물리적인 이유로 3 대 7이 되는 거예요. 그날 종일 생산한 물량은 3일 뒤에 검사하면 뻥뻥 터집니다. 그럼 전량 폐기하는 거죠. 이럴 때 제일 가슴이 아프죠.

전수 검사를 통과한 제품은 이제 유통되는 건가요?

김홍도: 전구류를 유통하는 도매상들이 있습니다. 주로
거기다 납품합니다. 그럼 그 회사들이 대량 소모처에 다시
납품하죠. 아파트 같은 곳들입니다. 20년 전에 아파트 공사를
하면 한 세대에 백열전구가 10~20개 들어갔습니다. 기본이
1000세대였으니까 세대당 20개가 들어가면 2만 개죠.

그럼, 조명 기구는 어떻게 만들어집니까? 기획 과정이
궁금합니다.

김시연: 우선 현재 가장 반응이 좋은 제품이 뭔지 파악해요.
테이블 스탠드를 제작한다면 지금 시장에서 가장 트렌디한

제품이 무엇인지 파악하는 거예요. 제품이 파악되면 그 제품의 장점과 단점이 있겠죠. 이 장단점이 실제 소비자한테 미치는 영향이 얼마나 될지를 고민합니다. 고객 가치를 판단하는 거죠. 그러고 나서 높이와 지름이 어느 정도면 좋겠다, 바디와 헤드는 어떤 소재를 사용하면 좋겠다, 구조는 어떤 방식이면 좋겠다, 이런 걸 정해요. 디자인은 워낙 신뢰하고 있어서 저는 스펙 위주로 고민합니다.

사용자 조사도 진행하나요?

김시연: 저희가 2021년 5월에 리빙페어에 참여했어요. 의욕적으로 준비해서 나갔는데, 판매 데이터를 보면 처참할 정도였어요. 그런데 리빙페어 기간에 설문 조사를 진행하면서 보다 정확한 고객 가치를 파악할 수 있었어요. 그러고 나서 연말에 스노우 시리즈라는 베스트셀러가 나왔죠.

설문 조사는 어떻게 진행했습니까?

김시연: 구글폼으로 설문을 만들고 전시 부스에 QR코드를 붙여서 응답을 받았어요. 향후 신제품의 방향이 중요했기

때문에 제품에 관한 질문 위주였어요. 어떤 가격대를 선호하는지, 어떤 형태를 선호하는지, 좋아하는 브랜드는 어디인지, 조명을 살 때 무슨 가치를 가장 크게 고려하는지, 이런 걸 확인했어요.

가장 결정적인 문항은 뭐였나요?

김시연: 조명을 살 때 어떤 요소를 보고 결정하시나요. 이 문항이었어요. 1번이 디자인, 2번이 브랜드, 3번이 가격, 4번이 기능이었던 걸로 기억해요. 응답자의 90퍼센트가 1번을 택했어요. 리빙페어는 입장권을 구매해야 들어올 수 있어요. 그런 곳에서 2000명 넘는 사람이 참여했으니 신뢰도가 굉장히 높다고 판단했어요. 사실 제품을 기획하고 설계할 때는 다양한 요소를 검토해요. 하지만 디자인에 초점을 두기로 했기 때문에 생산하기 좀 힘들어도, 마케팅 측면에서 좀 불리해도 디자인에 힘을 실을 수 있도록 노력했죠.

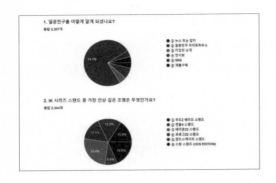

요즘도 설문 조사를 활용합니까?

김시연: 가장 최근에는 2022년 9월 중순에 설문을 진행했어요.
2023년 초 출시를 목표로 포터블 스탠드를 개발하고 있는데,
포터블은 좀 특수한 시장이에요. 무선이라 제품 간 스펙
차이가 크고, 디자인도 다양하거든요. 여러 요소에 대한
데이터가 필요했어요.

그 조사에서 어떤 인사이트를 얻었나요?

김시연: 포터블은 물론 디자인이 중요하지만, 그 외에도
가격이 엄청 중요한 요소라는 걸 확인했어요. 기존에

출시한 유선 제품은 고객 가치의 합을 100으로 놓고 그게
쪼개진다고 했을 때 디자인이 80, 가격은 5~10 정도였어요.
그런데 포터블은 디자인이 조금 낮아지고 가격이 30~40까지
올라가요. 유선 제품은 가구처럼 구매하고, 포터블은
선물용이나 가볍게 쓰려고 구매하는 수요가 많더라고요.

시장 조사는 소비자의 과거 경험을 바탕으로
이뤄집니다. 미래 변수까지 담기지는 않을 텐데요,
간극을 어떻게 보완할 수 있을까요?

권순만: 우리보다 시장이 훨씬 성숙한 유럽의 트렌드를
살펴봐요. 유럽 동향을 디자인 매거진이나 인스타그램
같은 소셜 미디어로 매일 확인해요. 조명 트렌드만 보는 건
아니에요. 패션, 건축, 자동차 같은 다양한 산업군을 살펴봐요.
미래를 볼 수 있는 다른 분야를 참고하는 거예요. 산업은 서로
영향을 주면서 함께 성장해요. 스모키 메이크업이 유행한
적이 있잖아요. 최근에 BMW 테일 라이트에 검은색 띠가
보이더라고요. 모두 연결되는 거죠.

지금까지 출시한 조명 기구가 수십 개가 넘습니다.
제품 라인업은 어떻게 구성하나요?

김시연: 제가 입사했을 때는 제품이 많지 않았어요. 2~3년
후에 어떤 라인업을 가지고 있어야 경쟁력이 있을지 많이
고민했죠. 테이블 스탠드가 몇 개, 플로어 스탠드가 몇
개, 펜던트가 몇 개여야 하고, 그중에 저가형은 어느 정도
비중이어야 할지 고민한 거죠. 먼저 국내외 조명 회사들의
홈페이지에 다 들어갔어요. 제품을 일일이 세어 가며 종류,
스펙, 가격대를 조사해서 엑셀 표로 정리했어요. 몇십 곳 넘는
브랜드의 데이터를 모아서 흐름을 파악했죠. 그다음에는
무엇부터 개발할지를 고민했어요. 국내 시장에 최적화하기
위해서 테이블 스탠드부터 시작했어요. 일단 매출을 쉽게
일으킬 수 있는 제품부터 시작한 거예요. 펜던트는 B2B 영업도
동반돼야 하거든요. 소비자들이 원하는 제품을 먼저 내놔야
B2B로 이어질 수 있다고 생각했어요.

■ 브랜드별 제품 구성 현황 (Lighting Product)

2022년에 출시한 신제품은 종류별 비중이 어떻게 되나요?

김시연: 2022년 신제품 라인업에는 펜던트가 좀 더 많아요. B2C에서 우리 브랜드를 알리고 나서 이제 B2B 시장에 대응하기 위해 지금 펜던트를 많이 개발하고 있어요. 아르떼미데, 플로스 같은 해외 브랜드는 수십 년 넘게 운영하며 쌓아 온 라인업이 있어요. 스탠드와 펜던트 비율을 비슷하게 유지했기에 지금까지 성장해 올 수 있었다고 생각해요.

그게 국내 시장에서 가능할까요? 저는 스탠드는 몇
번 샀어도 지금까지 펜던트는 달아 본 적이 없습니다.
보통은 입주할 때 달린 걸 쓸 텐데요.

김시연: 국내 시장과는 분명히 다르죠. 펜던트 수요가 있는
시장이었기에 반반 정도로 운영해 온 거죠. 하지만 저희는
조명을 시작할 때 글로벌 시장에 꼭 나가 보자는 얘기를
했어요. 지향점이 글로벌이라면 그 시장에 대응할 수 있는
라인업을 갖춰야 한다고 생각했어요. 그러려면 테이블과
펜던트가 30종씩은 필요해요. 라인업에 풍성함이 있어야 해요.

권순만 디자인팀장님은 어떻게 보십니까? 글로벌
시장에 진출하려면 뭘 갖춰야 할까요?

권순만: 워낙 치열한 시장이라 숫자를 늘리는 전략도
필요하겠지만, 차별화할 수 있는 확실한 제품이 있어야
해요. 밀라노, 파리, 런던 등지에서 열리는 페어에 다녀 보면,
아시아 브랜드가 접근할 때는 양보다 질이 중요한 것 같아요.
일광전구만의 아이코닉한 제품이 최소 다섯 개는 필요해요.
독특한 디자인의 조명 제품을 하는 거죠. 저희가 국내에서는

대중적인 형태로 어필했지만, 해외에서는 저희 마스터 시리즈 같은 제품이 이슈가 될 수 있다고 봐요.

제품 개발 계획은 얼마에 한 번씩 수립합니까?

김시연: 2021년은 상반기, 하반기로 나눠서 두 번 진행했고, 2022년은 한 번 하고 있어요. 횟수로 치면 지금이 세 번째 개발이죠. 특히 이번에는 막대한 예산을 투입했어요. 1년 만에 최소 6종, 많게는 8종을 개발하는 브랜드가 드물어요.

2023년부터는 어떻게 되나요?

김시연: 전년과 비교할 때 예산은 줄겠지만 그래도 최소한 1년에 한 번은 신제품을 내야죠. 3~4종을 최소 단위로 생각합니다. 순이익이 늘어나면 R&D 투자가 늘어나겠죠. 지금 그 구조를 만들고 있어요. 몇 회까지 개발하겠다고 정해진 건 없지만, 처음 계획할 때는 4회 차 정도까지, 그러니까 2023년 말까지 개발하면 어느 정도 라인업이 갖춰지겠다고 예상했어요. 그 시점에 맞춰 해외 박람회에 참여하는 게 목표예요. 그 이후부터는 정기적으로 운영하려고 해요. 일부

제품을 단종하거나 교체하고 보강하는 거죠.

최근 조명 시장의 흐름은 어떻습니까?

권순만: 지금 포터블 조명이 엄청난 화두예요. 무선 제품이죠.
기존에는 조명이 집 안의 콘센트 주변에 머물러야 했지만,
이제는 어디로든 빛을 옮겨 내 삶에 맞게 사용하는 방향으로
조명 사용 패턴이 빠르게 변하고 있어요. 실제로 국내외 많은
브랜드가 기존 제품을 포터블화하는 작업을 한창 진행하고
있어요. 저희도 많은 사랑을 받는 스노우 시리즈의 포터블화에
대해 충분히 고민했고, 현재 개발하고 있어요. 2023년에
출시합니다.

유럽에서도 포터블이 인기인가요?

권순만: 북유럽, 이탈리아, 프랑스, 영국 등에 있는 역사가
오래된 조명 브랜드들은 이미 자사 스테디셀러 조명에 포터블
버전을 추가했어요. 유럽 오리지널 조명 제품은 보통 가격대가
100~200만 원이에요. 리얼한 소재를 사용하거나 장인이 만든
예술 경지의 제품을 만들어요. 포터블화를 하면서 조명을 조금

더 가볍게 제작하고 있어요. 소재를 플라스틱으로 바꾸고
사출 공법을 활용해요. 누구나 소비할 수 있는 낮은 가격대의
제품을 만들어 조명 시장을 대중화하고 있죠.

한국에서는 포터블이 언제쯤 주류로 올라설까요?

권순만: 2023년이면 될 것 같아요. 2022년에 많은 분이
스노우맨을 사랑해 주셨어요. 2023년 상반기에 포터블 제품을
출시하면 지금보다 더 많은 관심을 받으리라 생각해요.
경쟁사에서도 포터블 제품을 함께 출시한다면 산업 전반에서
포터블이 주류로 올라설 겁니다.

개발

조명 기구가 개발되는 과정과 조립 및 품질 관리 절차를
살펴본다. 김호진 개발팀장, 정명훈 개발팀 대리를
인터뷰했다.

개발팀은 어떤 일을 하나요?

김호진: 디자인팀에서 제품 도면이 나오면 샘플을 만드는
작업을 합니다. 부품 제작을 여러 외부 업체에 의뢰해서
제품으로 만드는 과정이죠. 개발팀은 디자인팀하고 거의 같이
움직인다고 보면 됩니다.

조명 기구 제작이 본격화한 지 2년이 채 되지
않았습니다. 그 전에는 어떤 업무를 하셨나요?

김호진: QM(Quality Management)팀에서 일했습니다. 품질
경영이라고 하죠. 그런데 전구 수요가 줄면서 자연스럽게
QC(Quality Control) 수요가 줄었고, 그러다 개발팀으로
넘어왔습니다. 지금 조명 기구 조립을 총괄하는 정명훈 대리도
저하고 같이 QM팀에 있었습니다.

전반적인 제품 개발 과정을 들려주십시오.

김호진: 먼저 마케팅팀에서 제품을 기획합니다. 경쟁사 제품을
조사해서 거기에 대응하는 제품을 개발해 달라고 디자인팀에

의뢰합니다. 예를 들어 펜던트에서 어느 가격대에 어떤 제품이 필요하다, 이런 식입니다. 디자인팀에서 3D 시안이 나오면 개발팀과 협의해서 샘플 가공을 합니다. 협력 업체에 유리구 제작, 도장, 도금 같은 걸 맡기는 거죠. 부품이 나오면 시제품을 조립하고, 조립된 제품을 개선하고, 이 과정을 반복하면서 완제품을 만들어 냅니다.

제품 하나가 만들어지기까지 많은 업체를 거치네요.

김호진: 브라켓(bracket)이라고 프로그 스탠드에서 쉐이드(shade, 갓)를 잡아 주는 부품이 있습니다. 삼발이라고도 하죠. 이 작은 부품 한 개도 업체 세 곳을 거쳐서 만들어집니다. 다리를 가공하는 업체, 용접하는 업체, 도금하는 업체, 다 따로 작업합니다.

협력 업체가 많다 보니 커뮤니케이션에 어려움이
많겠습니다.

김호진: 디자인팀이 요구하는 대로 만드는 게 어렵습니다.
샘플을 만들고 나면 디자인 의도와 차이가 나는 경우가
많습니다. 저희는 아주 디테일한 부분까지 신경 쓰는데, 협력
업체는 이 정도면 문제없다고 하시는 경우가 많죠.

그럼 재발주를 넣는 건가요?

김호진: 그렇죠. 그 과정을 몇 번 거칩니다. 가공이 끝나면
제품을 마무리하는 도장, 도금이 있습니다. 도장 업체에서
유리에 칠을 하거나, 도금 업체에서 도금을 합니다. 도금은
비교적 문제없이 진행되는데, 도장은 색감을 맞추는 게
어려워서 다시 작업하는 경우가 많습니다.

스노우맨은 버터색이 큰 인기를 끌었습니다. 색감이
묘해서 색상 맞추기가 쉽지 않았겠네요.

김호진: 유리에 칠하는 작업이 쉽지 않았습니다. 저희

제품을 도장하는 업체가 원래는 금속류에 칠을 하는
업체입니다. 유리에 칠하는 건 도료가 달라지죠. 도료를
희석해서 칠하는데, 우리가 원하는 색이 안 나와서 계속
다시 만들었습니다. 흰색 유리가 기본으로 나오고, 흰색
위에 버터색과 피치색을 칠했는데, 최소 다섯 번씩은 칠했을
겁니다. 또 도료가 유리에 뜨지 않고 잘 부착돼야 하고,
표면에 분진이 묻지 않고 매끄럽게 칠해져야 합니다. 이걸 다
살펴봅니다.

부품 개발과 도장, 도금 작업까지 완료되면 다음
순서는 뭔가요?

김호진: 제품을 출하할 수 있는 상태가 되면 부품을 조립팀에
넘겨줍니다. 조립팀에서 부품을 조립해서 출하하는 겁니다.
현재는 조립팀이 개발팀 안에 있습니다.

본격 생산에 들어가도 부품의 품질 관리는
계속되나요?

김호진: 일단 부품이 입고될 때 입고 검사를 합니다. 큰 틀의

작업이 잘못되지 않았는지 살핍니다. 우리 주문과 색깔이 다르다든지, 부품이 이송 과정에서 훼손되지는 않았는지 살펴봅니다. 부품이 이송이 많이 됩니다. 가공하고 도금 업체로 가다가 훼손되기도 하거든요. 나머지 세세한 것들은 작업자들이 조립 과정에서 전수 검사를 하게 됩니다.

> 조명 기구 종류가 100가지쯤 되던데요,
> 제품이 다양한 만큼 부품 재고 관리가 상당히
> 복잡하겠습니다.

김호진: 제품이 100가지니까 박스도 100가지입니다. 같은 제품 안에서도 색상이 다섯 가지로 갈라지죠. 이런 것까지 감안하면 부품 가짓수가 300개가 넘습니다. 부품 발주를 지금 개발팀이 하고 있습니다. 판매 흐름과 재고 데이터를 수시로 확인하고 적시에 발주하는데, 입고될 때 양품으로 잡았던 것 중에 조립 작업을 하다가 불량으로 빠지는 경우가 많으면 예상보다 빨리 부품이 떨어집니다. 또 예측하지 못한 대량 주문이 들어올 수도 있죠.

기획부터 조립 직전까지 대략 얼마나 걸리나요?

김호진: 최소 6개월은 걸립니다. 디자인도 개발팀과 계속 커뮤니케이션을 하면서 이뤄집니다. 도면이 나올 때까지 두어 달은 걸립니다. 도면이 나오면 가공업체에 전달하는데, 첫 샘플이 나오는 데에도 한 달은 걸립니다. 제품 방향이 많이 틀어져서 기존 색깔을 버리고 처음부터 다시 도장하는 경우도 있는데, 이럴 때는 한 달씩 더 늘어납니다.

협력 업체는 주로 어디에 있습니까?

김호진: 전부 수도권에 있습니다. 과거에는 서울 을지로가

조명을 많이 했잖아요. 을지로가 개발되면서 양주, 포천
쪽으로 많이 갔습니다. 도금, 도장 업체는 대구에도 있습니다.
그런데 대구는 전부 산업용 도장입니다. 자동차 부품이나
기계 같은 거친 제품 위주로 마감을 하는 곳이라 퀄리티가
많이 떨어집니다. 조명을 해본 업체들은 대부분 부천, 인천,
양주, 이쪽에 있습니다. 조명을 가공하는 분들은 대개 연세가
많습니다. 새로 진입하는 분들이 별로 없어요. 저가 제품은
중국에서 다 들어오고, 고급 제품은 유럽에서 들어오니까요.
조명도 전구하고 비슷합니다. 국내 업체들이 사라지고
있습니다.

　　　　스탠드 하나를 만드는 데 협력 업체가 몇 곳이 되죠?

김호진: 일고여덟 곳 정도 됩니다.

　　　　조립 라인에서는 조명 기구를 하루에 몇 개쯤
　　　　생산합니까?

김호진: 평균적으로 하루에 최대 200개 정도 조립합니다.
온라인 판매가 많은데, 그 주문량은 현재 인원으로 맞출

수 있습니다. 그런데 B2B 주문을 대량으로 받으면 지금 인력으로는 못 따라갑니다. 그럴 때는 전구 생산 라인을 세우고 인력을 지원받습니다.

정명훈: 제품에 따라 다릅니다. 어떤 제품은 1인당 한 시간에 한두 개 나오고, 어떤 제품은 한 시간에 열 개 넘게 나오기도 합니다. 테이블 스탠드로 치자면 1인당 하루에 40개 정도 만들 수 있습니다.

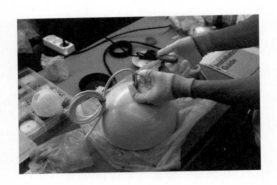

조립 방식은 어떻게 되나요? 한 사람이 제품 하나를 완성하는지, 분업인지 궁금합니다.

김호진: 제품마다 다르지만 대부분 한 사람이 끝까지 작업합니다. 소비자에게 유리와 지지대가 따로 포장되어 나가는 경우는 따로 조립하기도 합니다.

조립실의 하루 일과는 어떻게 되나요?

정명훈: 아침 8시에 작업을 시작해서 오전 11시까지 재고를 쌓는 일을 합니다. 주문이 들어오지 않아도 재고를 만들어 놓는 겁니다. 11시가 되면 그날 나가야 하는 온라인 판매 물량 리스트가 조립팀에 전달됩니다. 그러면 그 물량을 쳐냅니다. 그런 다음에 시간이 남으면 다시 재고 작업을 하는 식입니다.

아무래도 부품 수가 많은 제품이 조립에 시간이 더
걸리겠죠?

정명훈: 부품 수도 영향을 미치고, 검수도 시간이 오래
걸립니다. 품질과 직결되는 문제이기 때문에 검수를 굉장히
중요하게 생각하거든요.

검수는 어떻게 이뤄집니까?

정명훈: 일차적으로는 조립 작업자가 검수합니다. 양품을
A급이라고 하고 불량을 C급이라고 한다면, 양품도 아니고
불량도 아닌 B급이 많이 나옵니다. 그걸 제가 판단합니다.
작업자들이 저한테 부품을 가져와서 물어보는 겁니다.
검수라는 게 주관적인 판단이 엄청 많이 들어가거든요. 그래서
여러 사람이 아니라 한 사람이 일관성 있게 관리해야 한다고
생각합니다.

주로 어떤 걸 살펴보나요?

정명훈: 색상과 표면을 주로 살핍니다. 제품 색상만 보기도

하고, 색상 샘플과 비교해서 보기도 합니다. 자재에 긁힌 곳은 없는지, 먼지가 묻지는 않았는지도 살펴봅니다. 칠을 하다 보면 먼지가 묻습니다. 도장 업체가 진공 상태에서 칠을 하지는 않으니까요. 또 유리에 칠을 할 때 도료가 흘러내리면서 미세한 구멍이 생기는 현상이 있습니다. 핀홀이라고 부르는데, 이런 불량도 잡아내죠.

B급에서 어떤 건 탈락하고 어떤 건 통과합니까?

정명훈: A급에 가까운 B급이 있고, C급에 가까운 B급이 있겠죠. 저는 A급에 가까운 B급을 전시 또는 매장 디스플레이 제품으로 활용하려고 해요. 불량인 C급, 그리고 C급에 가까운 B급은 협력 업체로 다시 보내 재작업합니다.

협력 업체에서 불량을 쉽게 인정하나요?

정명훈: 잘못된 부분을 표시해서 협력 업체로 보내는데, 업체에서 인정하지 않는 경우가 많아요. 이 정도면 써도 되는 거 아니냐, 이러는 거죠. 그럴 때는 설득을 합니다.

어떻게 설득합니까?

정명훈: "이 제품이 우리 회사 품질 기준에 많이 못 미치고,
이 제품이 소비자에게 나가면 무조건 클레임이 들어온다,
요즘 고객들이 정말 눈이 높고 정보력도 좋다." 보통 이렇게
얘기하죠. 실제로 제품에 조금만 하자가 있어도 CS로 연락이
옵니다. 그래서 저희도 그 기준에 맞춰서 업체를 설득하는데,
끝내 설득이 안 되면 저희가 손실로 처리합니다.

대리님이 없을 때는 불량을 누가 판단합니까?

정명훈: 제가 자리를 비웠을 때는 일단 A급만 골라서 써요.
지금도 인터뷰가 끝나고 조립실에 들어가면 아마 작업자들이
골라 놓은 것들을 가져와서 물어볼 겁니다. 그래서 제가
조립실을 오래 비우지 못해요.

제품 패키지에 넣는 품질 보증서에 서명이 수기로
되어 있습니다.

정명훈: 제품을 검수한 뒤 제가 직접 손으로 서명합니다.

다른 회사의 제품들은 고가 제품에도 수기 보증서가 없는 경우가 많습니다. 수기 보증서가 고객이 우리 회사를 더 신뢰하게 만드는 계기가 되기도 하죠. 그래서 굉장히 중요하게 생각합니다.

60년 경험과 디자인의 결합이 리브랜딩을 성공으로 이끌었다.
제품에 녹아든 60년 노하우를 살펴본다. 김홍도 대표와
권순만 디자인팀장을 인터뷰했다.

역사 깊은 회사의 장점이 뭐라고 생각하십니까?

김홍도: 글쎄요. 오래된 회사의 장점이라는 게 요새는 점점 더 희석되는 것 같더라고요. 그렇지 않습니까?

그래도 신생 회사보다는 유리한 점이 많을 텐데요.

김홍도: 예전에는 그랬죠. 그런데 아이폰이 등장한 2007년을 기준으로 이전과 이후가 다르다고 생각해요. 이전에는 오래된 회사가 노하우도 많고 유통망도 촘촘하고 인적 네트워크도 좋으니까 세상의 중심이었어요. 아이폰이 등장한 뒤로는 오래된 회사라고 회사가 존속하나요? 오래된 회사라고 좋은 회사인가요? 디지털 자체가 역사가 짧잖아요. 역사와 큰 관계가 없어요. 회사 역사가 길고 짧은 것보다는 시대 환경에 얼마나 잘 적응하고 있는가, 이게 더 중요한 세상이 되었다고 생각합니다.

최근 경기 불황으로 자금 조달에 실패해 쓰러지는
스타트업이 많습니다. 그런 면에서는 경험 많은
회사들이 그나마 덜 위험하지 않습니까?

김홍도: 아무래도 오래된 회사가 신생 회사보다 기초 체력이
좋습니다. 리스크 헤지(hedge) 차원에서 오래된 회사가
백번 유리하죠. 그런데 더 중요한 게 있어요. 시대 변화에
따라 위험을 감수하고라도 이 일을 하겠다는 최고 책임자의
결정입니다. 이게 따라 주면 살아남는 조건이 되죠.

예를 들면 어떤 결정입니까?

김홍도: 일광전구는 60년간 끊임없이 신제품을 만들었습니다.
아버님 때도 그랬어요. 당시 환경에 나름대로 최선을
다하셨어요. 아버님이 새로운 광원에 끊임없이 도전하셨고,
저 역시 새로운 제품에 도전했어요. 장식용 전구 열 가지를
만들면 너덧 가지는 실패해요. 하지만 두세 가지가 대박이
납니다. 소수의 성공이 다수의 실패를 보상하고도 남기 때문에
기업은 신제품을 계속 만들어야 해요. 이 방식이 지금 조명
기구에도 적용되고 있어요.

리브랜딩 성공에 디자인이 큰 역할을 했지만,
리브랜딩이 디자인만 가지고 되는 건 아닐 겁니다. 또
다른 성공 요인이 뭐라고 생각하십니까?

김홍도: 오래된 아날로그 양산 회사가 디자인 제품을 만든다는
게 재미있지 않습니까? 많은 고객이 전구 회사가 디자인도
하네, 이러면서 이야깃거리가 되는 거죠. 결국 일광전구의
역사예요. 60년 역사를 그렇게 이야기하는 겁니다. 디자인만
탁월하다고 해서 이야기가 되는 건 아닐 거예요. 우리 회사에
좋은 스토리가 있다고 생각해요.

광원을 다루는 국내 회사 중에 일광전구는 역사로 몇
번째죠?

김홍도: 두세 번째 정도 될 겁니다. 번개표 브랜드를 만드는
금호전기가 제일 오래됐어요. 80년이 넘었죠. 창업주에서
2세로 넘어갔다가 몇 년 전에 사모 펀드로 대주주가
바뀌었어요. 그다음에 남영전구하고 저희가 역사가 비슷한데,
남영전구는 1980년대에 주인이 바뀌었죠.

그 외에도 수십 개가 넘는 회사가 업종을 바꾸거나
문을 닫았습니다. 일광전구가 60년 동안 버틸 수
있었던 원동력은 뭐였을까요?

김홍도: 핏줄이죠, 핏줄. 중소기업은 핏줄이 중요합니다.
기업에 애정을 가장 많이 가지고 있는 사람이니까요. 저는
어릴 때부터 아버님이 하는 걸 봤잖아요. 어쩌면 아버님보다
제가 더 오래 했죠. 초등학교 4학년 때부터 전구 배달을
다녔으니까요. 대학 졸업하고 다른 일을 하다 왔어도
늘 연장선에 있었어요. 운수 회사에서 기회를 잡았지만,
아버님이 불러서 간 것도 결국 제가 할 수밖에 없는 일이었기
때문이에요. 물론 이 일에서 가능성을 보기도 했고요.
아버님이 전구 공장을 하니까 대학도 전기공학과를 갔어요.
나중에 회사를 운영해야 한다는 묵시적인 압력이 있었죠.

아까 말씀하신 회사들도 2세 경영을 택한 건
마찬가지였는데요.

김홍도: 1세대 중에서 자기 업을 좋아하는 분이 드뭅니다.
아버님 세대를 생각해 보세요. 일을 시작한 동기가 먹고살기

위해서였어요. 그런데 저희 아버님은 일을 정말 좋아했어요. 그걸 보고 자랐으니 저도 이 기업을 하는 게 재밌는 거예요. 주변에 2세 경영을 고민하는 회사가 많은데, 성년이 훌쩍 지난 자식에게 선택권을 넘겨요. 은행 다니는 자식한테 내가 지금 골치가 아픈데 너 아버지 회사 해볼래, 이러는 거죠. 지금 월급 잘 나오고 워라밸 좋은데, 뭐하러 회사를 이어 가겠어요? 가만히 있으면 재산 넘어오는데. 안 하죠. 그렇게 명맥이 끊겨요.

그럼 대표님은 아들인 김시연 마케팅팀장과 얘기를 이미 끝냈습니까?

김홍도: 군대 가기 전에 담판을 지었어요. "나는 할아버지에게 회사를 물려받아서 지금까지 이렇게 버티고 있다. 앞으로 네가 이 회사를 이을지 말지 지금 결정해 주면 좋겠다." 며칠 생각하더니 해보겠다고 하더라고요. 왜 군대 가기 전에 그 얘기를 했냐면 그래야 군대에서 마음의 자세가 달라져요. 내가 앞으로 중소기업인이 되겠다고 마음을 먹으면 세상 모든 일이 다 경험이에요. 조직 생활도 경험이고 유격 훈련도 경험이고. 3세로 넘어가는 훈련이죠. 제가 그랬어요. 아버님 회사를 이어받아야 한다는 생각으로 대학과 군대에서 유별난 경험을

많이 했어요.

기술적인 부분도 궁금합니다. 전구를 만들던 경험이
조명 기구를 만드는 데 도움이 됐나요? 권순만
디자인팀장님, 어떻습니까?

권순만: 당연히 도움이 되죠. 국내 회사 대부분이 쉐이드나
받침의 형태에만 집중할 텐데, 저희는 시작점이 항상
광원이에요. 해외 브랜드 중에서 광원을 바탕으로 빛을
자유자재로 다루는 브랜드가 루이스 폴센이에요. 저희는 여러
가지 광원을 가지고 있으니까 광원을 적절하게 노출하면서
조화를 이루는 형태를 만들려고 노력해요. 보통은 E26
베이스(소켓에 꽂는 끝부분이 26밀리미터) 전구로만 조명을
만든다면 저희는 다양한 광원을 활용해서 조명을 만들 수
있다는 장점이 있죠.

다른 회사도 다양한 광원을 활용할 수 있지 않습니까?
꼭 직접 만든 광원을 쓸 필요는 없을 듯한데요.

권순만: 예를 들면 저희는 색온도나 루멘(빛의 밝기를

나타내는 수치)에 관한 기술적 데이터를 가지고 있어요.
오랫동안 전구를 만들며 축적해 온 노하우죠. 모든 구성원이
빛에 대한 이해도가 높아요.

데이터라면 구체적으로 어떤 건가요?

권순만: 색온도는 백열전구에는 없는 개념이에요. 백열전구는
탄소를 태울 때 나오는 빛으로 밝히는 거라 모닥불 색깔과
같아요. 하지만 LED 조명은 흰색부터 파란색, 노란색까지
마음대로 조절할 수 있죠. 그래서 K라는 색온도 수치가
있어요. 2700K, 3000K, 이런 식이죠. 저희는 사람 눈에 가장
편안한 백열전구와 가장 가까운 색온도를 찾을 수 있는 장비를
보유하고 있어요. 빛의 속성을 수치화하고 최적화해서 조명
기구에 적용하고 있어요. 전구를 만드는 회사라 가능했던
부분이에요.

지금 IK 조명 기구에 들어가는 광원은 일광전구
제품인가요?

권순만: 그럼요. 저희 제품을 씁니다. 다른 조명 회사는 다른

전구 회사가 만든 전구를 넣고 쉐이드를 만드니까 전구를
어필할 수 없어요. 제약이 있죠. 저희는 필라멘트를 보이게 할
수도 있고, 전구 형태를 다르게 가져갈 수도 있어요.

> IK 초창기 모델을 보면 전구가 두드러지는 디자인이
> 많습니다.

권순만: 맞아요. 1세대 제품들이 다 그랬어요. 차별화를 위해서
전구를 노출하는 타입으로 했어요. 초창기에는 백열전구
중에서 클래식 시리즈를 많이 썼는데, 클래식 시리즈는
최대 밝기로 해서 쓰는 것보다 30~50퍼센트로 낮춰서 쓸 때
훨씬 아름다워요. 효율을 좀 떨어트리는 거죠. 그래서 디머
스위치(조명의 밝기를 조절할 수 있는 다이얼)를 개발하게
됐어요.

마케팅 측면에서는 어떻습니까? 60년 역사가 도움이
되나요?

권순만: 소비자가 저희 제품을 구매할 때도 도움이 되죠. 원래
전구를 하던 회사니까 조명으로 자연스럽게 연결되잖아요.
마케팅에서는 키워드 연결이 아주 중요해요. 전구를 60년 한
회사에서 조명을 만들었으니 얼마나 잘하겠어, 하고 소비자가
생각할 거란 말이에요. 그 연결 고리가 아주 크다고 봐요. 사실
전구는 취향보다 기능에 초점을 맞춘 제품이고, 조명 기구는
오브제의 기능이 중요한 제품이에요. 두 제품의 성향 차이가
크죠. 하지만 브랜드 디자인 측면에서 보자면 소비자는 그걸
쪼개서 생각하지 않아요. 다 빛인 거예요.

조명 기구 사업을 본격적으로 시작하고 1년 반
만에 빠르게 성장했습니다. 전구 사업을 오래 해온
덕분이라는 것만으로는 설명이 안 되는데요.

권순만: 일광전구가 조명 시장에서 빠르게 경쟁사들과
어깨를 나란히 할 수 있었던 데에는 저희가 60년간 제조업을
해왔다는 점도 있어요. 공장이 있고, 공간이 있고, 직원이

있잖아요. 소재를 가공하고, 조립하고, 검수하고, 출하할 수 있는 시스템이 이미 있는 거죠. 신규 브랜드는 제품이 인기를 끌어서 물량이 갑자기 늘어도 제조할 곳이 없어요. 제조할 공간을 마련하고 제조할 사람을 구해야죠. 안정적인 라인을 돌리려면 돈도 많이 들고 시간도 오래 걸려요. 또 대표님이 일을 굉장히 꼼꼼하고 철두철미하게 하시는 분이에요. 대표님 성향이 공장 곳곳에 묻어 있어요. 그런 시설 덕분에 저희가 1년여 만에 이 정도 수준으로 조명 제품을 만들고 있는 거라고 봅니다.

　　　　그러고 보면 하드웨어 스타트업은 찾아보기
　　　　어렵습니다.

권순만: 설비 이슈가 가장 크죠. 투자비가 들어가고, 투자했다고 무조건 잘된다는 보장도 없잖아요. 저희는 그만큼 리스크가 적었던 거죠. 소비자들은 디자인이 좋아서 잘된 거라고 얘기해 주시는데, 제조 기반이 있었기에 가능했다고 생각해요. 김홍도 대표님이 30년을 잘 이끌어 오신 것도 고 김만규 회장님이 만들어 놓은 30년이 있었기에 가능했고요. 소비자 눈에는 보이지 않는 부분이지만 역사와 경험이 쌓여

지금의 IK가 있는 거죠. 항상 감사하는 부분이에요.

일광전구는 롱라이프 디자인을 지향한다. 특정 계층이 아닌 많은 사람이 쓸 수 있고, 한번 사면 오래 쓸 수 있는 제품을 만들고자 한다. 10년 뒤에도 가치가 퇴색하지 않도록 진솔하고 명료하게 디자인한다. 소재를 그대로 드러내고, 장식도 최대한 배제한다. 오래될수록 사랑받는 레트로를 디자인 랭귀지로 사용한다.

일광전구 디자인을 총괄하는 권순만 디자인팀장은 조명 기구 디자인의 핵심이 따뜻함이라고 말한다. 지나치게 매끄러운 디자인은 긴장감을 줄 수 있다. 조명 기구는 보다가 잠이 들 수 있을 만큼 편안해야 한다. 형태 역시 공학적으로 완벽하더라도 보기에 위태로워서는 안 된다. 안정적인 느낌을 줘야 한다.

제품 디자인은 아이디어를 스케치로 옮기거나 그래픽 도구에 도면을 그리는 일에 그치지 않는다. 색상과 소재를 선택하고 마감을 살피는 일도 디자인의 영역이다. 도면과 제품은 매번 다르게 나온다. 도면을 수정하고, 다른 공법을 고민하고, 최적의 업체를 찾아야 한다. 도면 디자인이 아니라 제품 디자인이기 때문이다.

디자인은 장식이 아니다. 태도다. 일광전구의 디자인 방향과
철학을 살펴본다. 일광전구 디자인팀장을 겸하고 있는 디자인
스튜디오 064 권순만 대표를 인터뷰했다.

디자인이란 무엇입니까?

어려운 질문이네요. 디자인과 아트를 많이들 비교하죠.
아트는 나만의 세상을 보여 주는 거예요. 독특할수록 가치가
높아요. 디자인은 나만의 세상이 아니라 쓰는 사람의 생각을
담아야 하죠. 많은 사람이 쉽고 편하게 쓸 수 있도록 하는
게 디자인이라고 생각해요. 그래서 저는 제품의 첫인상을
중요하게 생각해요. 보자마자 아름다워서 반해야 하고,
그다음에는 어떻게 쓰는지도 연상할 수 있어야 해요.

방금 말씀하신 게 추구하는 디자인인가요?

직관적이고 명료하게 하려고 해요. 장식성은 최대한
배제하고요. 기능이 바로 보이는 것들을 좋아해서 디자인
키워드를 설정할 때도 진솔하고 리얼리스틱(realistic)한 걸
찾아요. 소재를 드러내는 방식도 많이 사용하고요. 이런 게
IK에도 녹아 있다고 생각해요.

디자인 영감은 어디에서 얻는지 궁금합니다.

가장 즉각적이고 영향을 많이 받는 건 다른 사람의 작업을 보는 거겠죠. 여기에 추가하자면 저는 원시적인 것들이나 역사적인 것들에서 영감을 많이 받는 편이에요. 자연에서 느낄 수 있는 것에서 감각적인 영감을 많이 받아요. 커다란 돌 같은 것들이죠. 또 박물관에 가는 걸 좋아하는데, 과거의 물건이 현대의 제품까지 어떻게 이어졌는지 보면서 인사이트를 많이 얻어요. 연결 고리를 찾는 게 재밌고, 디자인의 원리도 배울 수 있죠.

디자인 스튜디오 이름이 064입니다. 제주도 지역 번호에서 따온 이름이라고 들었는데요, 자연에서 영감을 받는다는 방금 얘기와 연결되네요.

예전에 회사 다닐 때 제주도 여행을 많이 다녔어요. 1년에 20번은 갔어요. 나중에 제주도에서 살아야겠다고 다짐하면서 회사 이름을 064로 지었어요. 제주의 자연에서 살겠다는 꿈이 계속 제 입에 오르내리게 하려고 했죠. 또 숫자만큼 인지가 잘 되는 단어도 없잖아요.

좋아하는 디자이너가 있나요?

제가 제품 디자인을 하고 있지만 그래픽 디자이너를 아주
좋아해요. 일본의 거장 사토 타쿠를 특히 좋아하는데, 주로
상업 디자인을 하는 분이에요. 의미만 찾는 디자인보다는
모든 사람이 편하고 예쁘게 사용할 수 있는 디자인을 하죠.
자일리톨 껌 로고를 그분이 만들었어요. 21_21 디자인 사이트
로고도 했고, 이세이 미야케도 브랜딩했죠. 사토 타쿠는
그래픽 디자인을 메인으로 하지만 다양한 분야에서 영감을
얻어 그래픽에 적용해요. 제가 스튜디오를 운영하며 자주
참고하는 방식입니다.

제품 디자이너 중에서는 어떤 분을 좋아합니까?

후카사와 나오토를 좋아해요. 무인양품의 CD플레이어를
디자인한 분이죠. 그분의 디자인 이론 중 하나가 메타포예요.
사물이 가지고 있는 은유적인 부분을 잘 이용하는데, 단순히
예쁜 조형만 만드는 게 아니라 조형이 주는 의미를 만들어요.
아직 10년 차에 불과한 제가 일하는 현실은 시간에 쫓기고
디자인하는 여건도 부족한 게 사실이지만, 이분들이라면
어떻게 할까, 하는 마인드 컨트롤을 하며 디자인합니다. 어떤
가격대의 제품이든 의미를 만들려는 거죠. 저에게는 멘토
역할을 해주시는 분들이에요.

지금 하고 있는 디자인을 뭐라고 할 수 있을까요?
제품 디자인, 아니면 산업 디자인일까요?

브랜드 디자인이에요. 사실 그래픽 디자인과 제품 디자인을
묶을 수 있는 마땅한 용어가 없어요. 그래서 종합 디자인,
토털 브랜딩이라고 하기도 해요. 대학 학과를 보면 크게
시각 디자인과 산업 디자인이 있어요. 저는 산업 디자인을
전공했지만, 사실 미를 보는 관점은 하나잖아요. 그걸 결과로

풀 때 2D냐, 3D냐가 다르지, 결국 똑같은 거예요. 지금 저희
스튜디오는 다 하고 있어요. 사람이 브랜드를 처음 만날 때
어느 하나만 소비하는 게 아니잖아요. 그래픽도 보고 로고도
보고 인쇄물도 보고 제품도 만져 보죠. 저는 이걸 360도 브랜드
익스피리언스(experience)라고 얘기해요. 이 중에 하나만
하고 다른 회사로 넘기면 저희 디자인의 취지가 완성되지
않아요. 그러다 보니 업무 영역이 많이 늘어났죠.

제품을 만드는 회사라면 제품이 브랜드의 중심일
텐데요, 제품 디자인의 핵심이 뭐라고 생각하십니까?

디자인 조명 제품을 만드는 회사니까 우선 조명으로서
충분한 역할을 하는 게 중요하죠. 롱라이프 디자인은 최소
10년 이상 쓸 수 있는 거라고 생각해요. 조명 역할로 쓸 수도
있고, 방치하는 것도 내 환경 안에서 어우러지는 거니까
쓰는 거예요. 10년 이상 버리지 않을 제품을 만드는 게 저희
목표예요. 그러다 보니 약간은 레트로한 느낌을 찾고 있어요.
또 그게 60년 된 회사가 가져가야 할 방향이라고 생각해요.

레트로는 유행 아닌가요?

저는 그렇게 보지 않아요. 레트로는 디자인 랭귀지예요.
레트로 디자인이라고 하는 미드 센추리(mid-century)
디자인을 보면 당시 가능했던 공법과 소재로 이루어진
디자인이 가지고 있는 조형과 소재적 특징이 뚜렷합니다.
시대적 한계를 가지고 태어난 제품이죠. 예를 들어 정교한
대칭이 어렵거나, 모서리에 각을 넣지 못하거나, 실제보다
가볍게 제작하지 못하는 식이죠. 이런 특수성으로 인해 현재의
디자인보다 더 인간적이고 따뜻한 느낌이 있어요. 아이폰처럼
손바닥만 한 크기에 모든 기능이 다 들어간 혁신적인 제품도
보여 주지 못하는 애정을 만들어 주죠. 일광전구의 조명
디자인은 그런 점에 주목해 사랑스러운 디자인을 하려고
노력합니다.

원체 많은 물건이 생산되고 있습니다. 물건만
가지고는 소비자에게 선택받기 어려워졌죠. 이제
물건이 아니라 가치를 만드는 시대인데요, 가치가
어디에서 나온다고 생각하세요?

추억이겠죠. 누구나 추억이 있잖아요. 저희가 나무를 깎아서
이 제품(아래 사진)을 만들었지만, 사실 아무 가치가 없는
제품이에요. 어떤 스토리도 없고, 사라져도 상관이 없어요.
그런데 예를 들어 과거에는 나무가 많아서 나무를 썼지만,
이제 나무를 못 쓴다면 과거에 대한 추억과 향수 때문에 그
시절에 만든 나무 제품에 가치가 생기겠죠. 그걸 잘 활용하는
게 가치 있는 제품을 만드는 방법이라고 생각해요. 저희가
빈티지, 레트로 제품을 표방하는 이유 중 하나도 이거예요.
당시에 썼던 소재감을 적용해서 향수를 일으키는 거죠.

IK의 디자인 방향성은 어떻게 되나요?

스노우맨을 예로 들자면 그 감성과 형태를 다양한 제품군으로 파생시켜야 해요. 시리즈화하는 거죠. 지금은 테이블 스탠드와 플로어 스탠드만 있지만, 향후에는 펜던트, 벽등, 야외등, 이런 식으로 파생시켜서 고객이 목적에 맞게 스노우맨이라는 감성적 형태를 활용할 수 있게 해드려야죠.

　　　　무척 까다로운 작업이겠네요. 쉐이드의 크기가
　　　　테이블 스탠드에는 딱 맞았는데, 펜던트에서는
　　　　비례감이 안 맞는다거나 하는 어려움이 있을 것
　　　　같습니다.

어렵지만 고유의 비례를 찾는 게 저희 역할이죠. 하나의 유리 쉐이드로 테이블에도 쓰고 천장에도 쓰고 벽에도 쓰는 건 아니에요. 따뜻하고 귀여운 스노우맨의 감성을 가지고 있는 캐릭터가 나오는 거예요. 스노우맨 중에 뚱뚱한 캐릭터도 있고 홀쭉한 캐릭터도 있다면 다양한 비례로 활용해 그 느낌을 전달할 수 있어요. 실제로 2023년에 스노우맨 펜던트가 나와요. 테이블 스탠드의 쉐이드보다 사이즈는 크지만, 슬림한

형태죠. 지금 개발하고 있는 포터블은 더 작고 뚱뚱하게
나오고요. 저희끼리는 홀쭉이, 뚱뚱이라고 얘기하는데, 제품에
인간적인 느낌을 넣는 거예요.

디자인할 때 조명 기구만의 특수성이 있나요?

조명 기구는 따스함과 애틋함을 주는 제품이에요. 이런
제품이 가져야 하는 디자인 랭귀지가 있어요. 예를 들어
차갑고 날카로운 제품은 모서리에 손이 베일 것 같은 느낌이
드는데, 조명 기구는 그렇게 디자인하면 안 돼요. 형태도

마찬가지예요. 시각적으로 긴장감 있는 형태를 피해야 해요. 스탠드가 위태로워 보여도 소재를 잘 써서 아래를 무겁게 만들면 안 쓰러지겠죠. 이런 걸 혁신이라고 하지만, 조명 디자인에서는 잘 사용하지 않아요. 안정적인 느낌을 만들어야 해요. 보다가 스르르 잠들 수 있는 편안함이 필요한 게 조명 디자인이에요. 소재나 모서리 처리도 굉장히 따뜻해야 해요.

IK 디자인은 어딘지 중성적인 느낌이 있습니다. 제가 제대로 본 게 맞나요?

롱라이프 디자인은 성별에 따른 특징을 지니지 않아요. 중성적인 디자인을 하는 거죠. 특정 세대나 성별을 타깃으로 한다는 건 더 적게 더 한시적으로 쓰인다는 이야기예요. 그 반대라면 누구나 쓸 수 있고 오래가는 거니까 저희 디자인이 다 그 방향으로 가는 거예요. 형태적으로 우아한 라인은 잘 하지 않아요. 콜라보를 하는 브랜드의 성향이 우아한 콘셉트일 때는 거기에 맞게 저희 성향을 조금 바꿔 주기는 하죠. 오덴세 콜라보 조명이 그런 경우예요.

작업했던 제품 중에 디자인적으로 가장 마음에 드는
건 뭔가요?

판매와 상관없이 말하자면 랜드스케이프를 제일 좋아해요.
저한테 의미가 큰 제품이에요. 제가 해온 7년간의 브랜딩
과정이 함축적으로 담겼거든요. 백열전구 여덟 개를 쓰는
제품인데, 전구를 바라봤을 때 여전히 너무 예뻐요. 2019년
광주디자인비엔날레에 출품한 제품이에요.

조명 기구뿐만 아니라 패키지, 설명서, 보증서, 웹사이트까지 브랜드의 모든 걸 디자인하고 있습니다. 브랜드 전체를 관통하는 디자인 키워드가 뭔가요?

역시 롱라이프 디자인이에요. 조형적으로는 볼드(bold)함을 계속 유지하려고 해요. 진중함, 묵직함, 솔리드(solid), 이런 키워드죠. 20년 뒤에 봐도 지금 느낌을 계속 유지하려고 하는 거예요. 색을 쓰거나 종이를 선택할 때도 원칙이 있어요. 바꾸지 않아요. 시대에 맞는 아름다움보다 꾸준함을 우선시하려고 해요. 하나의 스타일을 10년, 20년, 30년 유지한다는 건 엄청난 힘이 있다고 믿어요.

어떤 원칙이 있습니까? 몇 가지 들려주시죠.

리브랜딩 초기에 패키지를 할 때부터 글자 색으로
K100(검정색 농도로 100에 가까울수록 진하다)을 썼어요.
보통은 진하게 써도 80을 쓰고, 은은하게 보이려고 20~30을
쓰기도 하는데, 저희는 누구나 편하게 볼 수 있는 글자를
원했어요. 나이가 드신 분은 작고 흐린 글자를 잘 못 읽을 수
있잖아요. 그래서 핵심 정보는 크게 넣었어요. 종이도 항상
무광을 써요.

조명 회사에서 브로슈어 같은 인쇄물에 무광을
쓰는 건 큰 도전 아닌가요? 요새야 접하기 어렵지만,
자동차 브로슈어를 보면 말 그대로 광이 납니다.

그렇죠. 무광을 하면 채도가 10퍼센트는 낮아져요. 하지만
유광이 주는 느낌과 무광이 주는 느낌이 다르잖아요. 소재가
풍기는 느낌과 캐릭터가 있다고 생각하는데, 무광은 차분하고
묵직한 느낌인 것 같아요. 공법 하나를 선택하더라도 그
공법이 갖고 있는 뉘앙스라는 게 있죠.

디자이너로서 경영에도 참여하나요?

아예 안 한다고 볼 수는 없지만, 안 하려고 해요. 디자인할 때가
제일 행복하니까요. 제가 경영까지 관여하면 디자인적으로
많은 부분을 놓칠 것 같아요. 사실 디자인이라는 게
한편으로는 우리 만족일 수 있어요. 소비자들은 모를 수도
있죠. 작은 것들을 챙기면 길게 볼 때 브랜드에 도움이 되지만,
당장 원가 절감과 효율이 중요한 경영에는 오히려 반대되는
방향의 업무인 거죠. 제가 경영에 더 참여하게 되면 그런 작은
것들에 신경 쓰지 않게 되겠죠. 이게 하나둘 쌓이면 브랜드가
무너져요. 효율과 브랜드 감도의 중간 지점을 잘 잡아서
일해야 하기에 지금 저는 디자인에 집중하고 있어요.

최근의 디자인 고민은 뭔가요?

지금은 고객들이 충분히 완벽하지 않은 품질의 저희 제품을
감사하게도 구매해 주고 있는 시기라고 생각해요. 지금 고민은
제품의 품질을 올리는 거예요. 디자인은 제가 노력하면
꾸준히 좋아질 수 있을 텐데, 생산 품질은 쉽게 바꿀 수가
없어요. 협력 업체들의 기존 프로세스를 뛰어넘으려면 환경이

바뀌어야 해요. 이분들에게 말로만 더 신경 써서 해달라고
해서는 바뀌는 게 없어요. 예를 들어 도장 과정에서 먼지가
자꾸 붙는데, 작업할 때 주의해 달라고 요청할 게 아니라 먼지
빨아들이는 기계를 들여와야 해요. 그런데 업체들이 쉽게
해주지 않죠. 시설 투자니까요. 이래서는 더 좋은 제품, 고가의
제품은 만들 수 없어요. 품질은 그대로인데, 돈을 더 받는
게 양심적이지 못하잖아요. 한 단계 더 성장하고, 글로벌로
가려면 생산 혁신이 필요해요.

공정 품질을 높이는 것도 디자이너의 역할입니까?

제품 디자인과 CMF 디자인을 함께하는 거죠. CMF는
색상(color), 소재(material), 마감(finish)이에요. 도면을
수직으로 그렸는데, 제품이 수직으로 안 나오면 계속 고민할
수밖에 없어요. 끊임없이 공법적인 아이디어를 내는 거죠.

여러 번 작업을 시도해 보거나, 아예 업체를 교체하거나,
이런 결정을 내리기도 하고요. 디자인팀은 좀 특이해요. 다른
팀은 안전한 업무 방식을 추구하지만, 디자인팀은 챌린지를
추구하죠. 기존 상태에 만족하지 못하는 거예요. 계속
나아가고 혁신하는 거죠. 일광에서 제 역할이라고 봐요.

과정

조명 기구 디자인의 아이디어 구상부터 샘플 제작까지,
디자인 과정 전반을 주요 제품 사례를 통해 살펴본다. 권순만
디자인팀장을 인터뷰했다.

디자인할 때 예술가처럼 직관을 따르는지, 아니면
표준화된 공정 과정을 따르는지 궁금합니다.

두 개를 적절히 섞어서 씁니다. 초창기에 제품 한두 개를 만들
때는 영감을 받아 툭툭 만들면 됐는데, 이제는 그럴 수가
없죠. 저희가 아트 수준으로 가면 단가도 크게 올라가고 제가
하고 싶은 걸 마음껏 할 수 있겠지만, 저희는 디자인이고
산업 제품이기 때문에 가격과 형태, 여러 요소를 잘 버무려서
만들어야 하거든요. 프로세스를 따를 수밖에 없죠.

프로세스는 어떻게 되죠?

먼저 필요한 제품군이 뭔지, 크기와 가격대는 어느 정도가
좋을지 마케팅팀에게 들어요. 마케팅팀은 MD를 만나러
다니고, 현재 어떤 제품에 반응이 있는지 데이터를 갖고
있어요. 마케팅팀 요청에 맞춰서 디자인팀이 세분화해서
제품을 만들어요. 여러 가지를 만들고 그중에 선택된 걸
다시 세분화해요. 몇 밀리미터씩 바꿔 가며 수십 개를 만드는
거예요. 이 작업을 반복하면서 최종 결정이 나요. 처음
디렉션은 하나였지만, 그걸 수십 개로 늘렸다가 다시 줄이고

다시 늘리고. 이 작업을 최대한 많이 반복할수록 좋은 결과로
이어집니다.

데이터는 어떻게 수집합니까?

저희가 다양한 판매점과 거래하고 있으니까 판매점별로
매주 판매 데이터를 받아요. 어떤 제품이 잘 나가는지 보는
게 핵심이죠. 잘 나가던 게 안 나가면 무슨 이슈가 있었는지
파악하죠. 경쟁사 제품 추이도 매일 트래킹(tracking)하고요.

디자인 작업에는 평균적으로 얼마나 걸리나요?

회사 대 회사로 일하는 거니까 의뢰를 받으면 3개월 후에
도면을 드리겠다고 하고 타임라인을 짜요. 제품 하나당
3개월은 아니에요. 하나를 하든 열 개를 하든 3개월이에요.
사실 제품 하나는 하루 만에 디자인이 나올 수도 있어요.
그래도 3개월이라는 시간을 두는 이유는 제 마음에 드는지
검증하는 시간이에요. 하루 만에 완성됐고 아주 마음에 들어도
일광에 보내지 않아요. 마지막 날에 보내죠. 저는 이걸 디자인
에이징(aging)이라고 불러요.

처음 형태는 어떤 과정을 거쳐서 나옵니까?

일단 노트에 사인펜으로 스케치를 해요. 핸드폰 메모장 앱에도
자주 하고요. 집에서 소파에 누워 TV를 보다가도 생각이
떠오르면 메모장 앱에 손가락으로 그리는 거예요. 그 스케치를
저희 디자이너에게 전달해요. 그걸 조금씩 바꿔 보는 작업을
해요. 그럼 일차적인 렌더링이 나오는데, 러프한 상태를 제
핸드폰 배경 화면으로 깔아요. 핸드폰은 수시로 보잖아요.
아침에도 보고 밤에도 보고 화장실에서도 보고. 다양한
환경에서 봤을 때 여전히 마음에 드는가. 이걸 판단해요. 그
작업을 계속하는 거예요. 그래서 3개월이 걸려요.

제품 디자인을 잘하려면 좋은 공간에 자주 가고 좋은
물건을 많이 봐야 할 것 같습니다.

그럼요. 저는 정말 많이 봐요. 많은 공간에 가죠. 최대한 짧은
시간에 많은 물건을 보기 위해 물건을 대량으로 쌓아 놓은
곳들을 찾아다녀요. 편집 숍, 백화점, 대형 마트, 시장, 이케아
같은 곳이죠. 샘플을 구입해 스튜디오로 가져와서 조합해
보는 거예요. 머릿속으로 생각하고 손으로 그려서 결과를

뽑기도 하지만, 이미 예쁘게 나온 형태를 가져다가 조립하고
좀 안 맞으면 비례를 바꿔 보고. 이렇게 입체적인 방법으로
디자인하는 경우도 많아요. 제가 다양한 물건을 선반에 모아
놓은 이유예요.

형태는 스케치로 잡으면 될 텐데, 소재와 색상은
어떻게 결정하나요?

아직 IK는 디자인적 관점보다는 타깃 가격에 맞춰요.
마케팅팀에서 정한 금액이 있어요. 어느 가격대에 어떤
소재로 하면 좋겠다는 걸 정해서 주죠. 아직은 저희가 아주
다양한 소재를 쓰지는 않아요. 대체로 금속이나 유리를 써요.
내구성이 있어서 형태가 쉽게 변하지 않는 것들이죠. 색상은

제품당 3~4종을 만드는데, 이 중에 절반 이상은 데이터를 기반으로 정해요. 예를 들어 색상 5종이 있는데, 그중 두 개는 잘 나가고 두 개는 보통이고 하나는 잘 안 팔린다, 이런 데이터가 쌓이거든요. 그러면 다음에 제작할 때는 잘 팔린 색상 두 개를 기본으로 깔고, 그 색상과 어울리는 색을 추가하는 식이에요.

디자이너로서의 감각과 판매 데이터 간에 차이가 있습니까?

디자이너들은 오렌지색을 되게 좋아해요. 저도 좋아하고요. 그런데 오렌지색이 진짜 안 팔려요. 자동차 광고를 보면 빨간색, 파란색 자동차로 광고를 많이 하지만, 실제로 팔리는 건 흰색, 검은색, 은색이죠. 그거랑 똑같아요. 저희도 핑크, 블루, 딥그린, 이런 색을 내세우지만, 정작 팔리는 건 흰색이나 크롬 도금이에요. 색상을 재밌게 쓰고 싶지만, 일단은 국내 소비자의 니즈에 맞출 수밖에 없는 상황이에요. 대신 포인트 컬러는 과감하게 쓰려고 노력해요. 그 정도는 소비자들이 이해해 주더라고요.

도면은 잘 나왔는데 생산 과정에서 문제가 생겨
디자인이 바뀌는 때도 있나요?

많습니다. B-DAY라는 제품은 개발에 1년이 걸렸어요.
2019년 광주디자인비엔날레에 출품한 제품인데, 그때는
쉐이드 지름이 65센티미터였어요. 이걸 45센티미터로 줄여서
출시하기로 했는데, 우여곡절이 정말 많았어요. 알루미늄판을
깎아서 쉐이드를 만드는데, 쉐이드가 자꾸 휘는 거예요.
65센티미터로 할 때는 괜찮았거든요. 알루미늄판이 원래는
코일 형태로 감겨 있어요. 그걸 편 다음에 따서 써요. 그다음에
코팅하면서 열처리를 하는데, 그때 판이 휘는 거예요. 감겨
있던 원래 형태로 돌아가는 거죠. 여기까지 6개월이 지났어요.
다른 공법을 시도했는데 그래도 휘고. 결국 아크릴로 했어요.
아크릴은 안 해본 소재라 도장 업체 찾는다고 또 몇 달이
흘렀고. 거의 1년이 걸렸어요.

디자인 단계에서 어느 때가 가장 어렵나요?

1차 샘플이 나오기 전까지예요. 상상의 나래를 펴서 아름답게
디자인해도 샘플은 정말 못생기게 나와요. 그러면 고민이
시작돼요. 이걸 계속 가야 하나, 조금 정리하면 될까. 그
고민은 저밖에 할 수 없죠. 개발팀은 이게 최선이라고 하고,
마케팅팀은 기대했는데 잘 안 나오니까 말은 안 해도 불안해할
거고요. 그때가 가장 예민할 때예요.

　　　1차 샘플이 나온 이후에 작업을 중단한 적도
　　　있습니까?

여러 번 있어요. 마땅한 업체를 못 찾거나 생산적으로
불가능해서 중단한 것들도 있고요.

　　　부품 수급이나 가공 작업이 상당히 까다롭네요.
　　　제품을 개발할 때 이미 검증된 기존 부품을 활용하는
　　　것도 방법이겠습니다.

캔들이라는 제품이 있는데, 저희에게 핵심이 되는 제품이에요.

캔들은 E14(전구를 끼우는 부분이 14밀리미터) 소켓을 쓰는데, 초기 제품은 다 E26을 썼어요. 소켓이 크니까 기둥이 두꺼워지면서 형태에 제약이 많았죠. 기둥을 가늘게 하고 쉐이드를 크게 하고 싶은데, 부품 수급이 안 돼서 E26밖에 쓸 수 없었어요. 그러다 김시연 마케팅팀장이 회사에 합류하고는 해보자고 해서 그럼 내가 크기를 줄일 테니 거기에 맞는 부품을 수급해 달라고 했죠. 그때 만든 게 캔들이에요. 캔들의 기둥, 소켓을 지금 다 공용으로 써요. 에이콘, 프로그는 기둥에 크롬 도금을 한 거죠. 파이프 자체는 캔들과 같아요. 투자비가 적을 때 할 수 있는 방법이죠. 시스템을 만들고 공용품을 만들어서 적절히 조합해서 쓰는 거예요.

방금 언급하신 에이콘과 프로그는 형제 모델이라고 들었습니다. 그럼 이 두 제품은 처음부터 함께 구상된 건가요?

맞아요. 2021년 리빙페어에 나갈 때 출시했던 제품인데, 결과적으로 여러 종을 냈지만 사실 2~3종밖에 안 되는 양이었어요. 적은 투자비로 최대 효과를 낼 수 있는 아이디어를 할 수밖에 없는 상황이었어요. 이번에 성과를 못 내면 사업을 접어야 한다고 생각할 정도였어요. 회사에서는 가장 기본이 되는 형태의 조명이 필요하다고 했어요. 그래서 제가 그럼 기둥은 캔들 기둥을 활용하고, 쉐이드를 이용한 조명을 하자고 해서 에이콘, 프로그를 만들었어요. 이건 처음 만들 때부터 나중에 기둥을 길게 해서 플로우 스탠드로 만들고, 시보리 가공을 이용해서 펜던트로 만들려는 목적을 갖고 개발했던 거예요.

에이콘, 프로그는 판매량이 어땠나요?

리빙페어에서 사람들이 사진을 엄청 많이 찍어 갔는데, 예약 판매가 별로 안 됐어요. 큰일 났다 싶었는데, 두어 달쯤

179

지나서 프로그 버터색이 터졌어요. 에이콘 딥그린색도 터지기
시작하고요. 주문이 계속 들어오는 거예요.

갑자기 반응이 온 이유가 뭐였습니까?

처음에는 IK가 어딘지 모르잖아요. 새로운 회사가 뭔가를
내고 사람들이 안심하기까지 시간이 걸리지 않았나 싶어요.
그 사이에 판매점 입점도 많이 했고요. 제품이 웹에서 보이기
시작한 거죠. 사람들이 하나씩 구입하고 리뷰도 쌓이고.

제품 이름이 귀엽습니다. 이름은 어떻게 붙이나요?

일단 이름을 들었을 때 제품을 연상하며 공감이 돼야 한다고
생각했어요. 두 번째로는 어감이 좋고 발음하기 좋아야
하고요. 이 두 조건이 맞아떨어지면 이름이 돼요. 에이콘은
도토리라는 뜻이잖아요. 형태가 도토리의 모자 같아서
에이콘으로 지었어요. 도토리가 지닌 느낌이 귀엽고 좋잖아요.
프로그는 개구리고요. 두 단어가 귀여워 보였어요. 이름과
형태, 색상이 맞아떨어졌죠.

이름을 먼저 정하고 디자인을 하나요, 아니면 그
반대인가요?

이름을 마지막에 정해요. 이름이나 키워드를 가지고 디자인을
하면 제약이 돼요. 말에 갇히는 거죠. 예를 들어 스노우
시리즈에서 먼저 눈을 콘셉트로 잡으면 디자인 작업이
힘들어져요. 눈에서 뭐가 나올 줄 알고 그걸 미리 정하겠어요.
그래서 일단 소재와 기술적으로 가능한 스펙이 확정된
상태에서 유리가 가장 예쁘게 나올 수 있는 순간을 디자인하는
거죠.

가공 방법과 소재가 정해진 다음 디자인을 하면
과감한 시도를 하기 어려울 것 같은데요.

현대자동차에 일반 라인이 있고 제네시스 라인이 있듯 저희도
앞으로 고급화를 계속해야죠. 제품을 비싸게만 파는 게
고급화는 아니라고 생각해요. 저희 제품 중에 아폴로는 마스터
에디션이에요. 공산품에서 오브제로, 디자인에서 아트로
가는 개념의 제품이에요. 아폴로는 저희 제품 중에 가공 기술
난도가 가장 높은데, 그만큼 구조적으로 단단하고 기계적인
재미가 있어요. 가격도 더 높아 더 고차원적인 감성을 보여
드려야 하는 제품이에요. 아폴로는 저희 조립 인원 중에 가장
숙달된 분들만 조립할 수 있도록 따로 분리했어요. 앞으로는
시리얼 넘버를 넣고, 만든 사람의 이름을 찾을 수 있도록 하고,
그 사람이 수리할 수 있는 시스템을 갖추려고 해요. 이제 막
걸음을 떼는 거죠.

톨보이도 상당히 독특합니다. 어딘지 모르게 기존 IK 제품과 분위기가 꽤 다릅니다.

톨보이는 저희 제품 중에 유일하게 회전 방향으로 설계되지 않은 제품이에요. 제품 대부분이 조형의 중심을 기준으로 360도 회전하기 때문에 어디서 사진을 찍어도 같은 형태가 나오는데, 톨보이는 한쪽을 바라보는 형태예요. 뒤쪽 45도 방향에서 봐야 가장 아름다워요. 토라져 있는 남자아이 같은 느낌이죠. 기둥 소재로 원목을 처음 사용한 제품이에요.

전선 처리 방식이 인상적입니다.

다른 제품들은 선이 기둥 아래로 나와서 깔끔하게 처리되는데, 톨보이는 위에서 나와서 기둥을 타고 내려와요. 여기에 대해서 의견이 많았어요. 저는 미니멀한 형태 안에서 전선 하나의 자연스러운 배치가 감각적이고 좋았는데, 마케팅이나 생산 쪽에서는 불안해 보인다는 거예요. 정리가 안 된 느낌이라는 거죠. 결국 디자인 의견을 따라 주셨어요. IK의 감도와 함께 디자인 차별화 포인트도 고민해야 한다고 생각해요.

IK는 조명 스위치가 귀엽고 재밌습니다. 조명의
밝기를 조절하는 디머 스위치가 구 모양인데요, 보통
다이얼 형태가 많아서 IK 스위치는 눈에 확 띕니다.

조명 브랜드에서 스위치는 쉽게 못 만들어요. 투자비도 많이
들고 안전 인증 같은 복잡한 내용이 있거든요. IK 시리즈를
어렵게 이어 오면서도 대표님과 얘기했던 게 있어요. 제품
디자인은 다양하게 전개할 수 있지만, 우리만의 포인트가 되는
걸 만들어야 한다는 데 의견을 모았죠. 우리는 전구를 만드는
회사니까 관련 부품에 집중해야 한다고 해서 스위치 개발을
얘기했어요. 디머 스위치부터 시작해서 향후 다양한 형태의
스위치를 개발해야 한다고 했죠. 조명만 보고 IK 제품이네,
하고 인지하기는 어려울 수 있어요. 제품에 항상 공통으로

들어가는 요소를 만들어야 해요. 그래서 동그란 구를 넣은
거예요.

구 모양의 모티브는 어디서 얻었습니까?

지포 라이터를 켰다 껐다 하는 습관이 있잖아요. 손안에서
계속 만지작거리는 습관. 한 손에 쥐고 놀 수 있는 정도면
좋겠다는 생각을 제일 먼저 했어요. 형태적인 모티브는
운전하다가 우연히 발견했어요. 송전탑 사이 전깃줄을 보면
빨간색 큰 공이 걸려 있어요. 비행기가 송전탑 주위를 지날
때 전깃줄에 걸리지 않도록 표시하는 거예요. 농구공 크기만
한데, 전선에 걸려 있는 형태가 귀여웠어요.

IK만의 공통 디자인 요소로 디머 스위치를 가장 먼저
채택한 이유는 뭔가요?

저희는 백열전구를 파는 회사니까요. IK 초기 제품은 모두
백열전구를 썼어요. 백열전구는 빛을 낮춰서 사용해야 예뻐요.
온오프 스위치가 아니라 빛의 양을 조절하는 스위치가
필요하죠. 지금 저희 디머 스위치는 다른 업체에서도
구매해서 활용하고 있어요. 원래 기획 자체도 그랬어요.
우리만 쓰려고 만든 게 아니에요. 조명 산업에 기여할 수 있는
제품을 만들자는 목적이어서 스위치도 우리가 할 수 있는
사업 중 하나로 봤어요. 이후에 큐브 형태의 온오프 스위치도
만들었어요. 저희가 LED를 쓰면서 디밍 기능이 필요 없는
제품도 나오기 시작했거든요. 상대적으로 디머 스위치가
고가다 보니 저가형 온오프 스위치가 필요했죠.

스노우

2021년 12월 스노우맨이 출시된다. 한 달에 몇백 개 팔리던
조명 기구가 수천 개씩 팔리면서 일광전구는 조명 기구
시장에 안착한다. 스노우맨의 디자인 과정을 따라간다.
권순만 디자인팀장을 인터뷰했다.

스노우맨 버터색이 이렇게 잘될 줄 알았습니까?

전혀 예상 못 했어요. 스노우맨보다 스노우볼이 잘 나갈 것 같았어요. 스노우볼은 뉴트럴(neutral) 디자인이고 일반적인 형태니까요. 스노우맨은 좀 특이하고 너무 귀엽지 않나 싶었어요. 색상도 보통은 흰색을 많이 사니까 흰색이 잘 나갈 줄 알았고요. 예상이 다 틀렸죠.

제품 출시 후 반응이 언제부터 왔습니까?

한 달도 안 돼서 반응이 왔어요. 에이콘, 프로그는 2021년 5월에 출시하고 두어 달 지나서 반응이 왔는데, 스노우 시리즈는 2021년 12월에 출시하자마자 반응이 곧바로 왔어요.

왜 잘 팔렸을까요?

복합적이겠죠. 설문 조사를 했더니 제품이 귀엽고 예쁘다는
반응이 많았는데, 단지 디자인이 좋아서는 아닌 것 같아요.
모든 게 맞아떨어졌어요. 지금까지 계속 시도해 오면서
브랜드를 쌓아 왔고, 제품도 좋았고, 가격도 괜찮았고, 시기도
맞았어요. 보통 조명은 겨울에 많이 나가거든요. 적기에
제품을 출시하고 마케팅 활동을 벌이니까 소비자 반응이
이렇게 다를 수 있다는 걸 배웠어요.

스노우맨은 어떻게 탄생했나요?

유리는 2021년 초부터 염두에 뒀던 소재였어요. 2021년
5월 리빙페어에 출시한 에이콘과 프로그는 알루미늄으로
만들었는데, 그걸 만들 때부터 향후 유리 제품을 하기로 했어요.
에이콘, 프로그는 빛을 모아서 아래로 떨어뜨리지만, 스노우는
빛을 사방으로 퍼뜨리는 방식이에요. 이런 제품을 만들어야
한다는 게 마케팅팀의 요청이었고, 경쟁사 제품에서도 일부
보이기 시작했어요. 판매율이 꽤 되는 걸 저희가 감지했죠.
2021년 9월부터 본격적인 작업을 시작했어요.

2021년 초에 왜 바로 만들지 않았습니까?

그쪽으로 가야 한다는 방향성을 어느 정도 잡고 있었지만,
개발비 부담이 있어서 순차적으로 하게 됐어요. 알루미늄보다
유리가 소재 단가가 더 높아요. 또 알루미늄 가공 공장은
많지만, 유리 공장은 거의 없거든요. 가공비가 비싸죠.
가공도 더 어렵고요. 그래서 연말 시즌에 맞춰서 유리 제품을
해보기로 한 거예요.

형태는 어떻게 고안했나요?

유리 제품은 광원을 기점으로 다리 부분을 잘못 설계하면
제품에 그림자가 생겨요. 조명 안에 브라켓이 있고 그 위에
전구가 있고 그 위에 쉐이드가 있어요. 브라켓의 세 다리가
빛을 맞으면 제품 아래에 그림자가 생기는데, 이걸 없애는 게
디자인의 핵심이었어요. 초기에는 에이콘과 같은 구조에서
소재만 유리로 바꾸려고 했어요. 위에서 기둥을 잡는
방식이죠. 테스트를 해보니 그림자가 생기는 거예요. 그래서
아래에서 잡는 방식으로 방향을 바꾸고 현재의 브라켓을
개발했죠. 그런 다음 에이콘, 프로그 때와 마찬가지로 받침은

하나로 쓰고 유리 형태를 두 가지로 하는 전략을 생각했어요.

유리 형태를 타원형으로 한 이유가 뭔가요?

저는 기본 도형을 많이 써요. 원, 사각형, 직선, 라운드, 이런 기본적인 형태를 이용해서 저희 스타일에 어울리는 제품을 만들어요. 스노우볼은 원형보다 조금 납작한 형태예요. 기본 원형은 비례가 재미없거든요. 타원형은 원형보다 조금 더 단단한 느낌을 줘요. 또 유광 제품에 빛이 맺혔을 때 반사되는 모양이 예뻐요. 스노우볼은 익숙한 형태여서 대중적으로 통할 수 있다고 생각했어요. 그러고 나서 다른 하나는 조금 더 특색 있는 제품을 하고 싶었어요. 스노우볼이 하나의 실루엣이라면 스노우맨을 디자인할 때는 좀 더 복잡한 실루엣을 잡기 시작했어요.

스노우맨 스케치는 어떻게 나왔습니까?

와이프가 조경 디자이너인데, 하루는 와이프가 일하는
곳을 같이 갔어요. 공사장에 차를 세워 놓고 와이프는 조경
협의를 하러 갔고, 저는 차에서 기다렸죠. 그때 스케치를
했어요. 처음에는 미쉐린 타이어 캐릭터 같은 형태를
상상했어요. 프로그에서 2단을 했으니까 이번에는 여러
형태를 생각했어요. 촘촘하게도 그렸고, 크게도 그렸고. 5분쯤
그려서 스케치가 나왔고 그걸 저희 디자이너에게 전달하면서
그랬어요. "내가 지금은 여러 단위로 그렸는데, 이걸 10단도
해보고 8단도, 5단도, 2단도 해보자."

처음부터 2단으로 결정됐습니까?

며칠 뒤에 형태를 좀 더 정교하게 다듬어서 일대일 비율로
인쇄해서 벽에 붙여 놓고 봤어요. 제 기억으로는 그때 10단
아니면 5단 정도였을 거예요. 마케팅팀에서도 그걸로 하자고
최종 결정까지 했었어요.

194

최종 결정이 어쩌다 바뀌었죠?

예쁘긴 한데, 좀 징그럽지 않을까 싶었어요. 조형적으로
반복되는 패턴은 사람에 따라 무섭고 혐오적인 느낌을
받기도 하니까요. 마케팅팀은 스노우볼이 많이 팔릴 것
같으니 스노우맨은 독특하게 디자인해 IK의 감도를 높이는
역할만 해줘도 된다고 했죠. 어쨌든 우여곡절을 통해 1차는
결정됐어요. 생산 쪽도 문제가 없다고 했고. 그런데 아무리
봐도 마음에 안 드는 거예요. 제가 3개월을 두고 본다고
했잖아요. 그 기간이 저한테는 아주 중요한 시간이에요. 단을
줄여 보기로 하고 2단을 그렸는데, 꽤 괜찮았어요. 개발팀과
마케팅팀에 다시 보여 주고 최종안을 변경했죠.

스노우 시리즈의 인기에는 이름도 한몫했을 것
같습니다.

최종적으로 두 개의 형태를 결정하고 나서 이름을 정했어요.
저는 스노우볼이 메인이라고 생각해서 이 이름을 먼저
지었어요. 마침 겨울이 오고 있고 흰색에다 동글동글하니까
스노우볼 하면 되겠네, 했죠. 그럼 얘는 뭐라고 할까

고민했는데, 완전히 다른 이름을 하기는 애매하고. 그래서 앞에 스노우를 붙일까 하고 키워드를 찾다가 스노우맨을 발견했어요. 자연스럽게 스노우맨이라고 했죠. 또 2단이니까.

쉬우면서도 입에 잘 붙는 이름입니다. 이름을 부르다 보면 어린 시절에 눈밭을 뒹굴던 기억도 나고요.

 산업 디자이너 후카사와 나오토가 제창하는 철학 중 하나가 메타포예요. 사물을 보고 연상하게 하고 상상하게 만드는 게 좋은 디자인이라고 했죠. 이름마저도 제품에 대한 경험을 재미있게 만들어 줄 수 있어요. 우리에게는 어릴 때 눈사람을 만들고 눈싸움을 했던 행복한 추억이 있잖아요. 그 추억을 담아서 스노우볼과 스노우맨이란 이름을 붙였어요.

동글동글한 유리구는 어떻게 만드나요?

수작업 블로잉 방식으로 만들어요.

장인들이 손으로 직접 만드는 방식을 고수하는
건가요?

반은 맞고 반은 틀린 얘기 같아요. 금형 제작을 해서 컨베이어
벨트에 올리려면 초도 발주량 이슈가 있어요. 한 번에 만
개 단위로 만들어야 한다거나. 그러다 보니 쉽게 접근하기
어렵죠. 수작업 방식은 단가는 비싸지만, 소량 제작이
가능해요.

수작업 제품은 아무래도 기계로 만든 것보다는 덜
정교하겠죠?

사람이 하는 일이니까 불확실성이 있죠. 표면이 고르지
못하기도 하고요. 자세히 보면 울퉁불퉁하거든요. 그런데 이게
장점이기도 해요. 칼처럼 딱 떨어지는 제품과 비교하면 훨씬
따뜻한 느낌을 줘요. 수작업의 단점도 분명히 있지만, 아직은
장점이 더 커요.

맨눈으로 보면 유리 표면의 굴곡을 파악하기
어렵습니다. 사람이 하는 일인데 어떻게 기계에서
나온 것처럼 똑같이 만들 수 있죠?

가이드 금형 틀이 있어요. 그 안에다 유리물을 대롱에
달아서 넣고 부으면 그 안에서 불어나는 거예요. 예를 들어
베네치아에서 사람이 입으로 불어서 만드는 조명은 틀 없이
만들기도 해요. 그건 공예에 가깝죠. 좀 휘어도 작품으로
봐주지만, 저희 같은 제품은 휘면 안 되죠.

스노우 시리즈 색상은 화이트, 버터, 피치, 세 종류가
있습니다. 버터색이 큰 인기를 얻었는데요, 이 색상은
어떻게 찾았습니까?

버터색은 프로그 때 처음 썼어요. 다른 회사 제품을 보면
오렌지색이나 노란색 정도는 있었는데, 버터색은 없었어요.
와이프가 요즘 버터색이 인기라고 해서 한번 해봤는데
괜찮더라고요. 지금은 저희의 상징적인 색이 됐죠. 화이트는
기본 색상이고, 피치는 전에도 좀 했었고요. 감도 좋은
제품에는 피치를 써요. 버터는 프로그 때 잘 나가서 해보기로

했어요. 그런데 버터색을 유리에 사용해 본 적이 없었어요. 피치색은 생각보다 금방 잘 나왔는데, 버터색은 지금 컬러를 만들기까지 고생을 정말 많이 했어요.

> 색상 칩에서 색을 정하고 그 색을 칠하면 되는 것
> 아닙니까?

일반 도장처럼 도장된 면 아래의 소재를 은폐하는 색이 아니에요. 보통은 색상 칩을 정한 다음, 도장 업체에서 도료를 받아서 뿌리면 그 색깔이 나와요. 그런데 조명용 유리는 살짝 투명감 있게 도장해야 해요. 유리구 안쪽의 빛이 투과할 수 있어야 하니까요. 초기에는 실제로 눈에 보이는 안료의 색깔과 도장 후 색깔이 너무 다른 거예요. 투명의 밀도나 분사 거리, 분사 횟수를 여러 번 테스트했어요. 지금 컬러를 만들기 위해 20~30번은 시도했어요. 도장 업체별로 차이도 있었어요. 이 업체에서는 버터가 잘 나오는데 피치가 안 나오고. 저 업체는 반대고. 그렇다고 이원화할 수도 없고. 출시 전날까지 이 문제로 고민했는데, 정말 운 좋게도 출시 전날에 해결됐어요.

스노우맨은 불이 꺼져 있어도 예쁩니다. 이 부분도
고민한 건가요?

그럼요. 버터색이 IK를 대표하는 색상이니까 꺼졌을 때도
버터색을 보여 줘야 했어요. 화이트, 피치, 버터가 꺼졌을 때는
각각 고유한 색인데, 켜졌을 때는 비슷비슷해요. 투명도를
넣은 도장을 했기 때문이죠. 켰을 때 피치는 너무 빨갛고
버터는 너무 노랗다면 조명으로서 기능을 못 하잖아요. 조명을
켰을 때는 비슷하지만 껐을 때는 색이 다르게 만들어야
했는데, 이 작업이 가장 어려웠죠.

조명의 높이와 너비, 비례는 어떻게 결정했죠?

지금의 비례를 찾는 데에는 기둥 크기가 큰 역할을 했어요.
보통 조명에 이렇게 굵은 기둥을 안 쓰거든요. 대부분 얇은
걸 쓰죠. 저희는 투박하고 굵은 게 빈티지의 특징이라고
생각했어요. 그다음에 쉐이드 크기를 정했어요. 테이블
스탠드는 대부분 침대 옆 협탁에서 사용해요. 조명이 너무
크면 시계, 핸드폰 같은 다른 물건을 못 올려 두죠. 협탁 크기를
고려해서 그 안에서 비례를 찾았는데, 그게 22센티미터예요.
그러고 나서 너비에 맞는 높이를 찾았고요. 비례를 정하는 건
순전히 디자이너의 눈이죠.

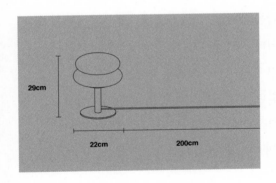

비례를 찾을 때 주안점은 뭔가요?

심리적인 포인트를 중요하게 생각해요. 쉐이드가 큰데 기둥이
가늘면 물리적으로 쓰러지지 않게 만들 수 있어도 보는 사람이
심리적으로 불안하죠. 바닥판이 너무 작으면 실제로는 무게가
있어서 쓰러지지 않더라도 보는 사람에게 쓰러질 것 같은
느낌을 줘요. 조명 디자인은 따뜻함과 안정감이 중요하기
때문에 이런 부분을 고려해서 만들어야 해요.

스노우 시리즈를 처음에 들어 봤을 때 가볍게 들릴
줄 알았는데, 상당히 무거워서 놀랐습니다. 무게감도
디자인 영역에 포함되나요?

조명을 포함한 여러 제품에서 대체로 무게가 나가는 제품이
고급 제품인 경우가 많아요. 의도적으로 조금 더 무겁게
하려고 했어요. 또 저희 064 디자인 철학 중 하나가 원초적인
디자인을 하는 거예요. 바닥판은 보통 얇은 판 안에다 추를
넣는데, 저희는 통으로 만들어요. 쉽게 말하면 맥북과 일반
노트북의 차이죠. 맥북은 알루미늄 덩어리를 통으로 깎아서
만들잖아요. 무게가 나갈 수밖에 없죠. 그만큼 강도도 있고요.

또 그만큼 단가도 올라가죠. 비슷한 가격대 제품군에서는
저희가 가장 무거울 거예요.

여전히 사랑받는 인기 제품이지만, 아쉬운 점은
없습니까?

디자인적으로 충분히 검토했고 비례도 굉장히 고민해서
만들었어요. 다만 소재의 마감이 아쉬워요. 저는 소재와
마감을 생산의 고유 영역으로 보지 않아요. 오히려 디자인
영역이에요. 유리 부분이 자동차 보닛처럼 더 깨끗하게,
리플렉션(reflection) 라인이 쫙 돌아야 빛이 맺혔을 때
예쁜데, 미세하지만 굴곡이 있으면 아쉽죠. 기둥의 크롬
도금도 광택이 더 나고 표면이 더 매끄러워서 얼굴이 비칠
정도가 돼야 하는데, 아직 그렇지 못해요. 이 부분을 어떻게
개선할지가 과제예요.

몇백 원짜리 전구를 파는 것과 몇십만 원짜리 조명을
파는 것은 완전히 다르다. 마케팅도 달라질 수밖에 없다.
일광전구는 처음에는 카피 제품도 판매하는 상점에 입점해
조명 기구를 팔았지만, 2021년 5월 에이콘, 프로그, 캔들 같은
제품을 출시하면서 마케팅 방향을 하이엔드로 잡는다.
리브랜딩 초기에는 콜라보로 인지도를 넓혔다. 마케팅 비용을
거의 쓰지 않고 입소문을 냈다. 좋은 브랜드와 협업을 하면서
기획자, 마케터, 디자이너들이 일광전구를 먼저 알아봤다.
공간 브랜딩도 활용했다. 인천 개항로에 카페 겸 쇼룸인
라이트하우스를 열고 조명이 잘 기획된 공간을 선보였다.
일광전구는 우리나라를 대표하는 조명 기구 브랜드가 되고자
한다. 아트 영역에 도전하면서도 합리적인 가격대의 제품을
만든다. 전구에서 그랬듯 조명에서도 국민 브랜드가 되기
위해서다. 다음 목표는 글로벌 진출이다. 한국적인 디자인을
찾아 세계 시장으로 나아갈 계획이다.

IK 마케팅

전구를 팔던 회사가 조명 기구를 판다. 몇백 원짜리 제품을
팔던 회사가 몇십만 원짜리 제품을 판다. 마케팅이 달라질
수밖에 없다. 김시연 마케팅팀장을 인터뷰했다.

2021년 5월 조명 기구 브랜드 IK를 확대하며 조명 기구에 본격적으로 힘을 싣습니다. 그 이전에는 마케팅을 어떻게 했습니까?

이전에는 별도의 마케팅 활동이 없었어요. 저희 홈페이지와 일부 온라인 판매처에 상품을 등록했지만, 관리가 안 되는 상태였어요. 고객들이 알음알음 찾아와서 구매하는 게 다였어요. 당연히 판매가 원활하지 않았죠. 제가 마케팅과 영업을 담당하고 있어서 이런저런 활동을 시도했지만, 별 소득 없는 상태가 2021년 5월까지 이어졌어요.

이런저런 활동이라면?

보따리 싸 들고 돌아다녔어요. 당시 라인업에 티컵 스탠드가 있었는데, 기존 거래처는 전구 판매처라 물건을 소화할 수 없었어요. 전구를 파는 곳이지 몇만 원짜리 조명 기구를 파는 곳은 아니니까요. 커다란 이케아 가방에 제품을 10~20개 넣어서 서울 전역의 조명 기구 판매처를 찾아갔어요. 카피 제품도 파는 곳인데, 일단 가서 브랜드와 제품을 소개하고 입점을 협의했어요.

반응은 어땠나요?

입점 자체도 힘들었고, 저희 제품을 원하는 곳이 거의
없더라고요. 그렇게 2~3개월을 다니다가 느꼈어요. 이
방향으로 가면 안 되겠구나. 2021년 5월 이후에 방향을
잡았어요. 하이엔드 판매처를 잡아야겠다고 생각했죠.

하이엔드 판매처의 기준은 어떻게 되죠?

누가 봐도 우리보다 가치가 높은 브랜드가 있는 곳을
하이엔드로 구분했어요. 몇백만 원부터 몇천만 원짜리 가구와
조명이 있는 곳들이죠.

왜 하이엔드였습니까? 일반 판매처와 비교할 때
방문자 수가 제한적일 텐데요.

우리나라 조명 기구 회사 중에서 아고라이팅을 제외한
나머지 회사들이 해결하지 못하는 지점이 있어요. 하이엔드
판매처에 입점이 안 되는 거예요. 저는 이게 마케팅 차원에서
중요하다고 생각했어요. 저희가 조명 쪽에서는 후발
주자잖아요. 소비자에게 IK가 오리지널 디자인을 하는
브랜드라는 점을 알리려면 카피 제품을 유통하는 판매처가
아니라 오리지널 제품을 유통하는 곳에 판매해야겠다고
생각했어요.

지금 오프라인에서는 하이엔드 매장 몇 곳에 입점해
있습니까?

전국에 하이엔드 라이프스타일 편집 숍이 30곳 정도 돼요.
그중 15곳에 들어가 있어요. 저희는 다른 브랜드들과 달리
속도를 천천히 가져가고 있어요. 공격적으로 확장하지는
않아요.

어떻게 입점할 수 있었죠? 하이엔드 매장에 한 번씩
들러보면 거의 고가의 수입 제품만 있던데요.

제가 찾아가서는 안 되고, 찾아오게 만들어야 한다고
생각했어요. 제품 기획 방향도 그렇게 잡았죠. 디자인이나
품질 면에서 제품을 한 등급 올린 거예요. 다행히도 에이콘,
프로그, 캔들 같은 제품을 출시하고 나서 반응이 오기
시작했어요. 국내 1세대 편집 매장인 에이치픽스(HPIX)를
비롯해 여러 곳에서 연락을 주셨어요.

하이엔드 매장이 아닌 곳에서 입점 제안을 받으면
어떻게 합니까?

대부분 거절하고 있어요.

오프라인 매장을 출점할 계획은 없습니까?

늦어도 2023년 내에는 서울에 쇼룸을 열려고 해요. 지금도
쇼룸처럼 활용하는 공간이 있기는 해요. 저희가 인천 개항로에
라이트하우스라는 카페를 운영하고 있는데, 일부 공간을

쇼룸으로 쓰고 있어요.

하이엔드 매장부터 쇼룸까지, 오프라인에 집중하는
이유가 뭔가요?

단순히 판매만 보자면 온라인 비중이 더 높지만, 오프라인에서
접점을 늘려야 지속 가능한 브랜드가 될 수 있다고 생각해요.

온라인은 아무래도 유행을 타죠. 플랫폼이
밀어주느냐 아니냐에 따라 매출 변동이 크고요.
반면 오프라인은 온라인보다 매출이 적을지 몰라도
안정적이겠죠?

물론 고정 매출도 있겠지만, 저희는 온라인에서 가볍게
소비되는 제품이 되고 싶지 않아요. 오프라인에서 저희 제품을
직접 만져 보고 경험해 보고 스위치를 켜봐야 진짜 제품의
가치를 느낄 수 있으니까 오프라인에 무게를 많이 싣고
있어요.

조명 기구 마케팅의 특수성이 있다면 뭔가요?

저는 일광에 합류하기 전에 건설사 마케팅 부문에서 일했어요.
건설 분야는 뭘 어떻게 하든 마케팅이 너무 잘돼요. 얼마
전까지 부동산 경기가 굉장히 좋았잖아요. PM의 역량보다는
부동산 정책이나 금리 영향이 커요. 반면 조명은 필수재가
아니잖아요. 어떻게 보면 사치재에 가깝죠. 아파트에 입주할
때 침대와 소파는 사도 조명은 거의 빌트인이잖아요. 사치재를
소비하려면 브랜드에 대한 신뢰가 필요해요. 그러려면
브랜드를 인격화해야 해요. 저희는 제품 기획, 디자인, 마케팅,
제품 촬영, 모든 부분에서 한 사람이 하는 것처럼 느껴지게
하려고 노력하고 있죠.

IK의 주요 소비자층은 어떻게 됩니까?

라이프스타일에 대한 테이스트(taste)가 있는 30대
여성입니다. 저희뿐만 아니라 많은 가구, 조명 브랜드들이
30대 여성을 타기팅하고 있어요. 저희가 조금 다른 점이라면
구매 통계에서 남성 비율이 꽤 나와요. 타사는 여성과 남성
비율이 9 대 1 정도로 여성이 압도적인데, 저희는 중성적인

디자인과 브랜딩에 집중하다 보니까 7 대 3까지 나와요.
지역적으로는 수도권이 압도적으로 높고요. 80퍼센트쯤 됩니다.

온라인에서는 어디에 입점해 있습니까?

저희가 직접 운영하는 자사 몰, 일반 온라인 몰, 하이엔드
판매처에서 운영하는 온라인 몰, 이렇게 세 영역으로 구분할
수 있어요. 저희는 하이엔드를 하지만 그 안에서도 차별화를
하고 싶었어요. 조금 더 친절한 브랜드가 되고 싶었죠. 그래서
자사 몰을 만들고 Q&A 게시판에 열심히 답변을 달면서
소비자들과 소통하고 있어요.

대중적인 온라인 쇼핑몰에서는 IK 제품을 찾을 수
없습니다. 입점 기준이 있나요?

현재는 29CM 정도에 입점해 있는 상태예요. 이게 참
미묘하더라고요. 저희가 하이엔드 판매처에 집중하고 있다고
얘기했는데요, 하이엔드 입장에서는 온라인 쇼핑몰에서
활발하게 거래되는 브랜드를 운영할 이유가 없어요. 오프라인
매장이라는 고정 비용을 지출하면서 브랜드를 운영하려면

매출이 충분히 일어날 만한 브랜드를 선정해야 하고 그
브랜드의 감도가 떨어지면 안 돼요. 브랜드 감도가 좋아도
온라인에서 너무 활발하면 상충하는 거죠. 그래서 2022년
중순에 거래를 오래 해오던 커머스 플랫폼 몇 곳과 계약을
해지했어요. 매출을 포기하면서까지 부딪히는 부분을 줄인
거죠.

> 온라인 몰에서 IK 제품을 보면 사진이 특히
> 인상적입니다.

감도가 좋은 여러 장소에서 찍을수록 다양한 컷이 나오니까
스튜디오를 대여하기도 하고, 취향이 좋은 개인의 집을
알음알음 대여해서 찍기도 해요. 특이한 촬영 방식인데,
그렇게 하다 보니 풍부한 컷이 나와요. 일반적인 제품
연출 사진을 보면 간혹 스튜디오에서 찍은 티가 많이 나는
경우가 있어요. 부자연스러운 오브제가 놓이니까요. 저희는
사람이 실제로 사용하는 침실에서 찍고 주방에서 찍으니까
자연스럽게 나오죠.

집에서 촬영하는 건 언제부터 했나요?

에이콘, 프로그, 캔들 제품을 촬영할 때였으니까 2021년
3월부터겠네요. 권순만 디자인팀장 아이디어였어요. 당시
사진작가 지인의 집에서 찍었는데, 촬영이 굉장히 힘들었어요.
스튜디오는 준비 공간이 별도로 마련돼 있어서 찍기가 쉬운데,
집은 불편한 점이 많아요. 공간이 좁으니까 제품을 조립하고
닦는 촬영 준비를 빌라 복도 같은 곳에 쪼그리고 앉아서 해야
하거든요. 몇 시간씩 하려니 힘들지만, 워낙 좋은 결과물이
나와서 계속 그렇게 촬영하고 있어요.

인스타그램 계정도 운영하던데, 사진 덕을 크게 봤겠습니다.

2년 전까지 인스타그램 계정이 죽어 있었어요. 1000명대 수준이었죠. 그걸 1년 만에 1만 명대로 만들었어요. 광고 비용을 많이 안 들였는데도 정말 빨리 늘었죠. 사진이 주효했다고 생각해요. 광고라는 건 피드를 내리다가 인상 깊은 걸 클릭하게 돼 있는데, 그 유입이 되게 좋았거든요.

광고 효율은 어떻게 높였나요?

제품이 좋으면 무조건 바이럴이 일어난다고 생각해요. 다행히 저희는 바이럴이 잘 일어났어요. 소비자들이 블로그, 인스타그램, 유튜브에 자발적으로 리뷰를 남겼죠. 바이럴이 특히 잘 도는 제품과 시기가 있어요. 크리스마스 시즌에 스노우 시리즈 바이럴이 엄청나게 돌았어요. 그때 그동안 사용하지 않았던 스노우 시리즈 연출 컷을 올리고 주요 고객층을 타깃으로 피드 광고를 집행했는데, 효율이 어마어마하게 나왔어요.

제품 소개 페이지나 인스타그램 피드에 글과
이미지를 올릴 때 톤앤매너는 어떻게 잡고 있나요?

한마디로 정의하긴 어렵지만, 약간 묵직하고 상업적이지 않은
느낌이라고 생각해요. 디자인, 마케팅부터 할인 정책까지
그 콘셉트에 맞게 운영하고 있어요. 일광전구가 오래된
브랜드이기 때문에 가질 수 있는 점들이라고 생각해요.

상업적이지 않은 느낌은 구체적으로 어떤 거죠?

예를 들어 일반적인 조명 기구 회사들의 인스타그램 계정
프로필을 보면 대부분 스토어 링크가 있어요. 네이버 검색
광고에서도 마찬가지예요. 스토어로 연결하죠. 그런데 저희는
스토어가 아니라 홈페이지로 연결해요. 제품이 얼마고 기능이
어떻고 이런 부분보다는 제품 이미지를 보여 주는 데 더
집중하고 있어요.

그렇게 하는 가장 큰 이유가 뭡니까?

다른 곳들이 다 상업적으로 하고 있으니까요. 다행히 저희는

업력이 오래된 회사라 스토리가 있고 또 실제로 제품의
마진보다는 디자인과 품질에 모든 걸 걸고 있기 때문에
상업적이지 않은 걸 소화할 수 있는 것 같아요. 물건을 파는
회사니까 사실 상업적일 수밖에 없지만, 저희가 비상업적으로
접근해도 소비자들이 이해해 주실 거라고 믿는 거예요. 만약
1~2년 된 회사가 갑자기 우리는 비상업적으로 합니다, 이러면
소비자에게 설득력이 없죠.

역사가 있는 회사를 마케팅한다는 건 역시
장점이겠죠?

게임으로 치면 치트키를 쓰는 거죠. 헤리티지를 등에 업고
있잖아요. 마케팅적으로 소구할 수 있는 좋은 지점이죠.
반대로 생각하면 저희 경쟁사들이 헤리티지 없이도 이렇게
잘하고 계시는 게 정말 대단하다고 생각해요. 저희 제품의
상세 페이지에 보면 브랜드 소개란이 있어요. 거기에 회장님
사진이 항상 들어가요. 일광전구공업사 시절에 버스를 빌려서
야유회를 가셨는데, 버스에 현수막을 걸고 사진을 찍었어요.
그 사진 한 장이 어마어마한 헤리티지예요.

반대로 역사가 깊어 걱정되는 부분은 없나요?

올드해 보이지 않을까 하는 우려는 있어요. 저희는 굉장히
트렌디한 제품을 하잖아요. 그런데 전구는 아예 반대되는
제품이에요. 사람들이 전구와 조명을 어쨌든 빛을 내는
하나의 제품군으로 보지만, 실제로 제조, 유통, 마케팅 방식이
정반대예요. 이렇게 상충하는 부분이 있으니까 헤리티지를
활용하면서도 감각적인 조명에 해를 끼치지 않는 지점을
찾으려고 고민하고 있어요.

221

아이러니합니다. 일광은 전구 이미지를 벗기 위해
조명 기구 브랜드 IK를 확대하고 있는데, 전구에 대한
애정은 여전합니다.

기업이 생존하려면 제품이 지속 가능해야 하잖아요.
현실적으로 바라볼 수밖에 없다고 생각해요. 일광전구라는
브랜드가 존속하려면 조명 기구인 IK를 핵심 사업으로 할
수밖에 없어요. 대세이고 흐름이니까요. 그래도 일광전구라는
브랜드명을 우리 간판으로 계속 사용해야 한다고 생각해요.
저희가 조명만 하더라도 그게 저희 뿌리니까요. 오히려 그
지점을 소비자들이 더 좋아해 주지 않을까 하는 생각이에요.

　　　IK라는 브랜드의 최종 목표는 뭡니까? 어떤 브랜드로
　　　만들고 싶나요?

저희가 지금 디자인, 품질, 마케팅 등 다양한 면에서
하이엔드를 지향하고 있지만, 최종적으로는
어포더블(affordable)한 브랜드가 되고 싶어요. 신발이라면
컨버스 같은 거죠. 브랜드의 가치가 높으면서도 소비자가 부담
없이 접근할 수 있는 브랜드가 되는 게 목표예요.

조명에 원래 관심이 많았습니까?

그렇지 않아요. 원래는 자전거, 오토바이, 자동차, 이런
탈것들을 진짜 좋아했어요. 흔히 덕후라고 하죠. 대학교 때는
자전거 동아리 활동을 했어요. 이베이 경매에서 클래식 자전거
부품을 사서 모으고 조립하고. 조명이나 인테리어에 관심을
가지고 본격적으로 스터디를 한 건 입사하고 나서부터니까
2년밖에 안 됐어요.

지금은 어떤가요? 조명이 좋아졌습니까?

자전거는 소재가 중요해요. 크로몰리라는 합금도 이용하고,
티타늄, 카본 파이버도 써요. 소재에 따라 라이더가 느끼는
승차감에 차이가 있어요. 소재와 가공에 따른 차이를 느낄 수
있다는 점이 너무 좋았어요. 조명도 비슷한 것 같아요. 제가
좋아하는 요소가 많아요. 소재, 가공, 여기에 디자인까지
더해졌을 때 소비자가 느끼는 다양한 감정이 있으니까요. 저는
이제 조명에 입문했지만, 앞으로 더 좋아할 수 있을 것 같아요.

223

협업과 공간

IK 마케팅의 또 다른 축은 협업과 공간 브랜딩이다. IK 초기 마케팅을 담당한 권순만 디자인팀장을 인터뷰했다.

일광전구는 콜라보를 많이 해왔습니다. 조명 분야에
국한하지 않고 다른 분야로 넓혀도 그렇습니다.
콜라보를 많이 한 특별한 이유가 있습니까?

2021년 5월에 IK를 본격화하기 전까지는 콜라보를 많이 했죠.
일광전구는 브랜드가 없는 곳이었어요. 업력은 길었지만
인지도가 없는 상태였죠. 인지도를 올리는 가장 좋은 방법은
다른 분야를 인수하거나, 엄청난 비용을 투자해서 마케팅이나
광고를 하는 것일 텐데, 현실적으로 불가능하니까 제가 할 수
있는 최선이 콜라보였어요. 콜라보는 좋은 브랜드와 하거나
우리가 할 수 없는 분야와 해서 그 일부분을 약간 흡수하는
거잖아요. 그래서 콜라보를 적극적으로 했어요.

　　　콜라보는 하고 싶다고 할 수 있는 건 아니죠.

그렇죠. 콜라보 하기 좋은 상태로 만드는 게 당시 저의 주요
미션 중 하나였어요. 전구를 만드는 회사로 어필하면 전구를
쓰는 곳하고만 콜라보가 가능하겠지만, 빛과 희망을 만든다는
개념을 갖고 있으면 할 수 있는 게 훨씬 더 많다고 생각했어요.
그게 리브랜딩 초기에 저희의 마케팅 방법이었죠.

비용을 거의 쓰지 않으면서 가치를 전달하는
마케팅을 한 거군요.

요즘 기업의 마케팅이라고 하면 대중의 관심사를 빠르게
파악하고 마케팅 예산을 집행해서 대응하는 건데, 저는 가치를
만들어 내는 마케팅을 하려고 했어요. 초반에 콜라보 몇 개만
하고 그 이후부터는 그걸 보고 연락이 오는 것 중에 일부만
했어요.

뭐든 처음이 가장 어려울 텐데요, 초기에는 콜라보를
어떻게 했습니까?

저희 제품 중에 파티라이트가 있어요. 대표님이 유럽에서
파티라이트를 보시고는 한국에도 이런 문화가 있으면
좋겠다고 해서 국내로 들여왔어요. 당시만 해도 우리나라에
파티라이트가 없었어요. 있다 해도 유럽을 자주 다니는 분들이
몇 개 사 와서 집이나 카페에 다는 정도였죠. 그걸 저희가
처음으로 만들었어요. 저희는 사람들이 전구를 많이 쓰게
만들어야 하잖아요. 일반 조명에는 전구가 한두 개 쓰이지만,
파티라이트에는 20~30개가 들어가거든요.

2014년 연말쯤이었을 거예요. 파티라이트를 마케팅비 없이 어떻게 알릴지 구상하다가 서울 가로수길의 유명한 카페나 식당을 떠올렸어요. 그런 곳에다 파티라이트를 달면, 그걸 보고 많은 곳에서 우리도 달고 싶다고 할 거 아니에요. 그래서 제안서를 썼어요. 제안서 제목을 라이팅 디자인 스팟이라고 정했어요. 열 군데를 골라서 메일을 보냈죠. "당신의 브랜드가 라이팅 디자인 스팟에 선정됐다. 원한다면 파티라이트를 무상으로 설치해 주겠다. 우리는 사진만 찍어 가겠다. 설치 후 6개월간 사용하고 그 이후에도 쓰고 싶으면 우리한테 구매해라. 아니면 회수해 가겠다." 이렇게 메일을 보냈어요.

몇 곳이나 응답하던가요?

모두 다 하겠다고 했어요. 그중에 앤트러사이트도 있었어요. 유명한 카페와 식당이 다 하겠다고 한 거죠. 설치한 다음에 저녁에 불이 켜지면 사진을 찍어서 인스타그램이나 페이스북에 계속 올렸어요.

설치를 직접 했나요?

전기 작업자를 부르면 한 번에 몇십만 원이 드니까 제가 직접
갔어요. 설치 장소가 주로 옥상이어서 아찔했는데, 그래도
감전은 한 번도 안 당했어요. (웃음)

그때만 해도 조명 기구 제품은 몇 개 없고 전구 회사
이미지가 강해서 콜라보를 하거나 좋은 판매처에
입점하기가 쉽지 않았을 것 같습니다.

일광전구는 원래 전파사나 을지로 조명 상가에만 백열전구를
판매하는 회사였어요. 그러다 2012년에 클래식 전구 시리즈를

출시하고는 B2B에서 B2C로 방향을 틀었어요. 클래식 시리즈를 좋은 매장에 입점시켜야 했는데, 그중 하나가 홍대 오브젝트였어요. 오브젝트는 소셜 마케팅을 굉장히 잘하고 작가들과 소통을 많이 하는 곳이어서 입점 제안을 했어요. 그런데 오브젝트 대표님이 단순 입점으로만 보지 않고 전시를 하자고 역제안을 주셨어요. 대구 본사에 가서 전구 만드는 기계, 부품 중에서 예뻐 보이는 오브제를 다 모아서 'We make light'라는 전시를 했어요. 테이블 하나에다 전시를 했는데, 오브젝트가 사람들이 많이 오가는 곳인데다가 특히 디자이너들이 많이 봤어요. 그러면서 소셜 미디어 팔로워가 확 늘어나고, 콜라보 제안이 엄청나게 들어오기 시작했어요.

그때부터는 콜라보를 골라서 할 수 있었겠네요.
콜라보를 할 때는 주안점을 어디에 두나요?

초기 마케팅에서는 매출보다 브랜드를 생각했어요. 콜라보는
크게 두 개로 나뉘어요. 원래 콜라보는 A 회사와 B 회사의
장점을 모아서 그 이상의 뭔가를 만들어 내는 거예요. 그런데
최근에는 A 회사가 발주자가 되어 B 회사의 느낌이 좋아
보이니 브랜드 로고를 가져다 쓰는 콜라보가 많아졌어요.
우리에게 이런 공간과 기획이 있는데 너희들이 창의력을
발휘해서 뭔가를 창조해 달라는 게 아니라 우리는 이걸 하고
싶으니 제품을 공급해라, 너희 로고를 실어 주겠다, 이런 거죠.
가장 낮은 단계의 콜라보라고 봐요. 오브젝트 같은 사례가
진짜 콜라보죠. 최근에는 콜라보보다 개발에 집중하고 있지만
진짜 콜라보는 가능하면 하려고 해요.

콜라보의 성공 요건은 의외성이라고 생각합니다.
전혀 어울릴 것 같지 않은 두 브랜드가 만나서
시너지를 내는 거죠. 그런 면에서 아우디와의
콜라보가 신선했어요.

저희가 아우디 신차 발표회에서 메인 콜라보 회사였어요.
아우디가 저희를 선택한 이유를 들었는데, 스토리가 기가
막혔어요. 아우디는 자동차 업계에서 라이팅으로 혁신을
이룬 기업이에요. 전방 상황에 따라 빛의 세기와 각도가
바뀌는 매트릭스 LED 헤드라이트를 세계 최초로 적용했어요.
그러니까 아우디는 디지털의 끝이고, 저희는 아날로그의
끝이라는 거예요. 둘을 연결한 거죠. 아우디 신차를 놓고 그
위에다 1000개가 넘는 백열전구를 달았어요. 오브제로서의
아우라도 있었고, 의미도 좋았죠. 굿즈도 만들고 여러 행사를
잘 붙이니까 시너지가 크게 나더라고요.

앞으로 해보고 싶은 협업이 있나요?

엄청 멋있는 회사가 되고 싶다는 생각보다는 국민 조명
회사가 되고 싶은 마음이에요. 국민 조명이지만 마스터
에디션처럼 일부 라인은 감도 높은 디자인도 할 수 있는 거죠.
국민 조명이니까 신청을 받아서 공간의 조명을 바꿔 주는
프로젝트를 해보고 싶어요.

예전에 집 고쳐 주는 TV 프로그램처럼 말이군요.

그렇죠. 열악한 환경에서 살고 있는 곳의 조명을 전부 바꿔
주는 거예요. 우리가 할 수 있는 건 빛으로 행복을 주고
가능성을 만들어 주는 거니까 무드등을 적절히 사용해서
공간을 리뉴얼해 주는 거죠. 예산을 써야 하는 프로젝트니까
많이 할 수는 없겠지만 1년에 서너 건은 진행하고 싶어요. 국민
조명이라면 그래야 할 것 같아요.

인천 개항로에서 라이트하우스를 운영하고 있습니다.
이 프로젝트는 어떻게 시작됐나요?

7년 동안 많은 시도를 하면서 그동안 하지 않았던 공간
브랜딩도 해보기로 했어요. 2018년 12월에 라이트하우스를
열었는데, 쇼룸 명목이기는 했지만 쇼룸 같은 쇼룸을 하고
싶지는 않았어요. 브랜드 가치가 없는 상태에서 공간만
만든다고 사람들이 찾아가는 건 아니라고 봤거든요. 그래서
커피 같은 다른 목적으로 왔다가 자연스럽게 제품을 보게
하려고 했어요. 또 저는 조명 문화를 만들고 싶다는 얘기를
자주 해요. 조명을 남발하는 게 아니라 필요한 곳에 적절히
써서 삶을 윤택하게 만들자는 거예요. 조명이 잘 기획됐을
때 얼마나 좋은 공간이 되는지 보여 주는 게 목적이어서
라이트하우스는 그 방향으로 기획했어요.

인천 개항로를 택한 이유가 있습니까?

원래는 을지로를 생각했어요. 처음에 대표님이 을지로
3가에 5층짜리 건물을 매입하는 걸 고려하셨는데, 층당
11평이었어요. 너무 좁죠. 그때 제가 개인적으로 하던 다른
프로젝트 중에 인천 구도심 프로젝트가 있었어요. 마침 괜찮은
매물이 나와서 소개를 드렸는데, 대표님이 첫눈에 반하셨어요.
그게 지금 라이트하우스 건물이에요. 오랫동안 방치됐던 병원
건물을 최소한으로 리모델링해서 카페 겸 쇼룸으로 쓰고
있어요.

그래도 접근성이 좀 떨어지지 않나요? 마음먹고
방문하지 않으면 안 될 텐데요.

라이트하우스가 생기고 해시태그 양이 급증했어요.
라이트하우스를 태그하면서 일광전구도 같이
태그하더라고요. 라이트하우스가 열리고 콜라보 제안이
굉장히 많이 들어왔어요. 전구 회사가 이렇게 할 수도 있구나,
하는 걸 보여 주는 공간이 됐죠. 전에는 그런 콘텐츠가
없었어요. 콜라보는 많이 했지만, 저희가 직접 기획해서

만든 건 딱히 없었거든요. 콜라보 제안이 오면 미팅은 라이트하우스에서 했어요. 와서 직접 보시라는 거죠. 그런 면에서 큰 효과가 있었어요. 사람들이 일광전구를 더 이해하는 데 도움이 됐죠.

쇼룸도 준비하고 있다고 들었습니다.

2022년에 만들고 싶었지만, 사정이 어렵게 됐어요. 2023년으로 미룬 상태예요. 빠를수록 좋으니까 늦어도 2023년 크리스마스 전까지는 만들어야 하지 않을까 생각하고 있어요.

쇼룸은 어떻게 꾸릴 계획인가요?

제품을 사용하는 장면을 자연스럽게 보여 주는 게 제일 중요해요. 제품만 채워 넣지는 않을 거예요. 저희가 2022년 2월 리빙페어에서 새로운 전시 방식을 시도했는데, 반응이 좋았어요. 빈티지 가구 브랜드와 콜라보를 해서 가구와 조명을 함께 배치했어요. 쇼룸에도 이런 방식을 쓸 것 같아요. 또 쇼룸이 제품을 파는 곳만이 되어선 안 되죠. 전시 공간을 일부 만들 거예요. 제품이 만들어지는 과정을 보여 주는 전시를 생각하고 있어요. 제품을 분해해서 전시하기도 하고. 이런 과정을 통해서 쉽게 만들어지는 제품이 아니라는 걸 보여 주고 싶어요.

제품 촬영도 공간을 활용한 브랜딩으로 볼 수 있을 것 같습니다. 제품 사진이 자연스러운데, 사람이 실제로 거주하는 집에서 촬영했다죠?

보통 제품을 촬영할 때는 스튜디오를 빌리고 가구나 모델, 소품을 스타일리스트가 연출해요. 우선 저희는 마케팅 예산이 한정적이어서 아이디어를 내야겠다고 생각했어요. 둘째로 많은 업체가 스튜디오 촬영을 하는데, 좀 인위적인 느낌이 들었어요. 사진에 우리가 일상에서 쓰지 않을 법한 오브제가 있는 거죠. 또 하나는 당시에 저희 제품이 아직은 부족한 부분이 있다고 생각했어요. 그래서 제품이 너무 돋보이기보다는 공간 안에 적절하게 녹아 들어간 분위기를 만들고 싶었어요. 그 공간이 저희가 가고자 하는 방향인 약간 레트로한 공간이었으면 좋겠다고 생각했죠. 그래서 현재 IK 담당 사진작가인 CIC 스튜디오 김재민 작가와 논의해서 실제 집에서 촬영하기로 했죠.

작가 선정은 어떻게 했습니까?

일반적으로 제품 촬영은 제품 사진을 주로 하는 작가에게
맡겨요. 제품 사진은 빛을 추가하고 합성해서 만드는
사진이죠. 저희는 전략을 바꿔서 인물을 잘 찍는 작가에게
맡겼어요. 인물 전문 작가는 순간을 잘 포착해요. 사진도
자연스럽죠. 열몇 집을 돌아다니다가 결국 좋은 공간을 찾아서
촬영했어요. 공간이 너무 재밌었어요. 좋은 가구도 많이 갖고
있으셨고요. 그곳에서 책 놓고 화병 놓고 찍었는데, 사진
느낌이 되게 괜찮았어요. 스타일리스트는 제가 했고요. 사실
저희 사진이 제품을 확대해서 보면 좋은 사진은 아니에요.

제품에 하이라이트가 맺혀야 하는데 저희 사진은 그런 게 없어요. 그래도 저는 그 무드가 좋았어요. 다행히 잘 적중했죠.

> 대화할 때마다 새삼 느낍니다. 크리에이티브는 제약에서 나오는 것 같아요.

일광과 9년째 일하는데, 정말 많은 인사이트를 주는 회사예요. 어려움도 많고 체력적으로도 힘들지만, 사람이 제약 안에서 성장하는구나, 하는 걸 느끼게 해줘요. 애증의 관계예요. (웃음) 중간에 그만두려고 했던 것도 여러 제약이 너무 힘들어서 그랬던 것도 있고요. 하지만 시작했으니 잘 끝내야죠. 다행히 여건이 계속 좋아지고 있어요. 판매도 호전되고 있고요. 이 프로젝트를 통해서 정말 많이 배우고 있어요.

플랜

일광전구는 전구 회사에서 조명 회사로 전환하고 글로벌
진출을 준비하고 있다. 일광전구의 미래상을 살펴본다.
김홍도 대표, 김시연 마케팅팀장, 권순만 디자인팀장을
인터뷰했다.

지금 일광전구는 어느 단계에 와 있다고
생각하십니까?

김홍도: 이제 시작입니다. 막 밟고 일어선 단계입니다.

그럼, 다음 단계는 뭐가 될까요?

김홍도: 비상할 겁니다. 시대 환경이 바뀌었고, 조명 기구에
대한 수요가 바뀌었고, 세대가 바뀌었습니다. 거기에다 인터넷
환경이 더해졌습니다. 과거에는 미국 유수의 에이전트를
찾아야만 미국에 물건을 팔 수 있었는데, 지금은 그럴 필요가
없어요. 아마존에서 히트를 하면 얼마나 팔릴까요. 어디까지
비상할지 저는 상상이 안 돼요.

조명 기구 분야에선 경험이 많지 않습니다. 리스크가
두렵지 않습니까?

김홍도: 지난 시간 동안 끊임없이 신제품을 만들어 왔습니다.
위험을 감수하고 결정을 내리는 데 익숙해졌어요. 다만 조명
기구 시장에 대해서는 제가 판단하지 않습니다. 권순만

디자인팀장과 김시연 마케팅팀장이 이야기하는 걸 저는 다 받아들였습니다. 내가 모르는 건 그 사람들한테 결정권을 맡깁니다. 아는 사람이 결정해야 하니까요.

　　　그래도 대표의 역할이 분명히 있을 텐데요.

김홍도: 리더의 가장 큰 역할은 방향을 정하는 겁니다. 우리는 동쪽으로 간다, 서쪽으로 간다, 이게 제일 중요하죠. 그런데 동쪽이 죽을 길인지 살길인지 알아야 할 것 아닙니까. 동쪽이 죽을 길인데 그리로 빨리 가자고 하면 빨리 죽자는 얘기잖아요. 살길을 정확하게 파악하고 그 방향을 제시하는 것, 대표에게는 이게 제일 중요하다고 생각합니다. 기업뿐만 아니라 모든 영역의 리더라면 마찬가지겠죠.

　　　리더십만큼 팔로우십도 중요합니다. 구성원이 방향에 공감해야 더 빨리 움직일 수 있죠.

김홍도: 제가 그 부분은 직원들한테 신뢰를 받고 있습니다. 지금까지 100퍼센트는 아니지만 열 개 중에 일고여덟 개는 맞췄습니다. 또 한두 개 실패했을 때도 회사가 곤죽이 될

정도로 실패하지는 않았어요. 그런 내부 믿음이 있는 거죠.

요즘은 시장이 정말 빠르게 변하고 있습니다. 방향을
파악하고 대책을 마련하는 사이에 방향이 바뀌기도
합니다.

김홍도: 지금 우리가 동쪽으로 가자고 해놓고 내년에도,
내후년에도 동쪽으로 가는 건 이제 없습니다. 세상이
바뀌었어요. 아날로그 시대에는 방향을 한번 정하면 10년,
20년을 가도 됐어요. 그런데 지금은 분기마다 다를 수 있어요.
가전제품이 그렇잖아요. 라이프 사이클이 굉장히 빠르게
변하고 있어요. 이렇게 계속 바뀌는데, 한 방향을 정하고
그대로 간다는 건 세상에 안 맞죠. 방향을 계속 살펴야죠.

대표님은 아날로그 시대에 사업을 시작했고, 재임
기간의 대부분이 아날로그 시대입니다. 변화의
속도를 체감하게 된 계기가 있습니까?

김홍도: 저는 제 결정에 후회해 본 일이 별로 없어요. 실패도
경험으로 생각하고 회사의 자산으로 생각하거든요. 지금도

직원들이 한 번 실수하는 건 뭐라고 하지 않습니다. 원인을 찾고 재발하지 않도록 대책을 만들어 두면 그건 회사의 자산이 됩니다. 제가 EEFL 조명에 투자한 게 가장 큰 실책이었습니다. EEFL은 디지털입니다. 디지털 시장에 진입하면서 시장을 너무 쉽게 본 거죠. 라이프 사이클이 이토록 빨리 돌아갈 줄은 생각도 못 했어요. 아날로그에 너무 젖어 있었던 거죠. 3년 만에 철수했습니다. 그때 디지털을 실감했습니다. 백열전구는 기계를 하나 들이면 30년도 씁니다. 나중에 알고 보니까 가전 회사들은 라이프 사이클을 3년 이상으로 잡지 않는다는 거예요. 3년 안에 투자금을 회수하지 못하면 실패하는 거죠. 디지털 리스크가 엄청나게 큽니다. 그때 크게 실패했지만, 큰 자산으로 생각합니다.

　　조명 기구로 방향을 잡은 지금, 가장 주력하는 부분은 뭔가요?

김홍도: 회사 조직을 정비하고 있습니다. 백열전구 생산을 중단하고, 그 인원을 전부 조립 파트로 배치하고, 조립 공간을 확장하고, 마케팅 인력을 보강하고, 서울 도심에 쇼룸을 설치할 겁니다. 현재 개발팀이 대구에 있는데, 상황에 따라

서울로 배치할 생각도 있어요. 대표가 이런 윤곽을 그려
주는 거죠. 양산 체제로 넘어가면 우리 독자적으로 일을 다
처리하지 못하니까 다시 분업 체제로 가야 해요. 어떤 제품은
생산을 외부에 맡기고 우리가 최종 검수해서 판매하는 거죠.
앞으로 이런 방향을 정해야 합니다. 그래도 2~3년을 못
내다봐요. 지금 방향성은 그쪽으로 가지만, 1년 후, 심지어
반기 후에 달라질 수도 있어요. 그래서 김시연 마케팅팀장,
권순만 디자인팀장에게 대표 말만 믿지 말고 현장 상황을
보고해야 한다고 강조해요. 방향이 바뀌면 내가 다시 결정해
줘야 하니까요.

스노우 시리즈로 조명 기구 시장에 안착했습니다.
일광의 다음 목표는 뭔가요?

김홍도: 국내 조명 기구의 대표 브랜드가 되는 겁니다.
여러 회사들이 각자 자기 회사가 대표 브랜드라고 말할
수 있겠지만, 대중에게 물어보면 우리나라 대표 브랜드는
없다고 답합니다. 일광은 백열전구를 만드는 아날로그 양산
회사였지만, 디자인으로 조명 기구 대표 브랜드가 되고 싶고
될 겁니다. 아까도 말했지만 그다음에 어디까지 비상할지는

저는 모르겠습니다. 그건 다음 세대의 문제죠. 제 세대의
문제가 아닙니다. 저는 할 만큼 했어요.

그럼, 다음 세대인 두 분은 어떻습니까? 일광의 다음
목표는 뭡니까?

김시연: 대표님이 큰 맥락을 굉장히 잘 보세요. 시대 흐름을
읽고 세팅을 해주시죠. 사실 조명을 하겠다는 것도 제가
합류하기 전부터 정해져 있었고요. 회사에 합류하고 제
역할에 고민이 많았는데, 제 역할은 당장 내일 할 일이 뭔지
고민하고, 모든 구성원이 내일 할 일을 같이 고민하는 것으로
정의 내렸어요. 지금까지 그렇게 해왔고요. 앞으로 당분간은
그 역할을 계속 수행하려고 해요. 그래도 목표라고 한다면
소비자들이 사고 싶은 조명, 고객 가치가 높은 조명을 만드는
거라고 말할 수 있을 것 같습니다.

권순만: 2012년에 마스터플랜을 세울 때부터 명시한 건데,
일단 국내 최고 조명 회사가 돼야죠. 매출이든 인지도든 가장
주요한 회사가 되는 거예요. 국민 조명이라는 타이틀도 얻어야
하고요. 한국을 대표해서 매년 해외 페어에 참여하는 회사가

되는 게 목표예요.

사실 조명이 하이테크 기기는 아니죠. 해외의 유서
깊은 조명 회사들과 경쟁하려면 IK만의 고유한
디자인을 찾아야겠네요.

권순만: 현재 모든 조명 디자인은 유럽의 디자인에서 영감을
받았다고 볼 수 있어요. 글로벌로 진출할 때 일부 라인은
고유한 라인으로 가야 해요. 사실 그게 가장 어려워요. 많은
디자이너한테 물어봤어요. 한국적인 디자인이 뭐냐고. 정말
어려운 문제인데, 계속하다 고민하다 보면 찾을 수 있겠죠.
일본만 해도 각인된 브랜드는 없지만, 세계 시장에서 나름의
인지도가 있어요. 일본의 전통 종이인 와시와 대나무로
만든 전통적인 형태의 조명이 있어요. 조명의 보편적 가치와
일본적인 조형의 감성이 접목된 우수한 조명이에요. 비트라,
허먼밀러 같은 회사도 일본 조명에서 영감을 받아 제품을
구성하고 있어요. 일본의 전통적인 디자인이 해외에도
통하는 디자인이 된 거죠. 우리나라도 그런 걸 찾아야죠. 아직
막연하지만 제일 하고 싶은 거예요.

글로벌 진출은 언제쯤으로 계획하고 있으십니까?

김시연: 저희는 이점이 너무 많은 회사예요. 헤리티지가 있고, 조명을 먼저 시작한 경쟁사들도 훌륭한 선례를 만들어 주셨고요. 해외 진출에 있어서는 아고라이팅이 롤 모델이에요. 아고라이팅이 밟은 길을 저희도 밟으려고 해요. 한국 브랜드를 글로벌 시장에 먼저 소개하신 덕분에 저희는 좀 더 쉽게 길을 가겠죠. 그렇지 않아도 얼마 전에 아고라이팅 대표님을 만났어요. 해외 박람회 참가 준비를 마치고 막 떠날 준비를 하고 계시더라고요. 저희는 빠르면 2023년이나 2024년에 해외 박람회에 참여하려고 준비하고 있어요.

권순만: 저는 2025년, 2026년 정도로 보고 있어요. 준비할 게 아주 많아요. 저희 제품이 글로벌하게 이용되려면 전기 인증 같은 걸 받아야 하는데, 국가마다 규정이 달라요. 그 작업을 해야 해외에 판매할 수 있어요. 디자인적으로는 스노우 같은 아이코닉한 제품이 다섯 개는 있어야 한다고 봐요. 네 개가 더 나오려면 시도를 얼마나 많이 해야겠어요. 개발이 충분히 돼야 해요.

회사의 미래는 어디에 있다고 보십니까?

김홍도: 세상에서 가장 비싼 물건이 뭐라고 생각합니까?
17세기 스페인 화가 디에고 벨라스케스의 '시녀들'이라는
그림이 있습니다. 크기가 가로 316센티미터, 세로
276센티미터입니다. 스페인 수도 마드리드의 프라도
미술관에 있습니다. 서양 미술사에서 가장 중요한 작품으로
꼽힙니다. 2008년에 스페인이 금융 위기를 맞았는데, 이설에
따르면 유럽중앙은행이 이 그림을 넘겨주면 빚을 탕감해
주겠다고 했답니다. 그림 한 점의 가격이 어마어마하죠.
일광전구의 미래는 아트에 있다고 생각합니다.

249

권순만: 맞는 말씀이에요. 조금 보충하자면 일부는 아트로 가야 하고, 실제로 방향성도 아트로 설정하고 있어요. 그런데 모든 라인업이 아트로 구성되면 일부 계층만 소비할 수 있는 브랜드가 돼요. 저희는 국민 조명 회사가 되려고 하니까 라인을 두 개로 가져가야 한다고 생각해요. 아트 영역은 20퍼센트로 잡고 실제 아티스트들이 만드는 제품이 돼야겠죠. 나머지 80퍼센트는 합리적인 가격대의 제품을 해야죠. 저희는 저가의 백열전구를 생산하던 회사잖아요. 고가로 포지셔닝하면 사람들이 공감하기 어렵죠. 어쩌면 현대자동차 같은 플레이를 해야죠. 현대차가 수십 년간 합리적인 가격대의 자동차를 만들었잖아요. 계속 혁신하고 기술을 발전시켜서 제네시스를 만들었고 지금 인기를 끌고 있어요. 무엇보다 저는 중저가 제품을 만드는 회사가 나쁘다고 생각하지 않아요. 사실 돈 잘 버는 회사들은 거의 다 중저가 제품을 만드는 회사들이잖아요.

김시연: 큰 틀에서 저도 같은 생각이에요. 실제로 현재 저희 제품이 이미 2 대 8 비율로 이뤄져 있어요. 다만 저는 마케팅을 책임지니까 어떻게 해야 제품을 더 잘 판매할 수 있을지 많이 고민하는데, 단순히 우리 제품이 뛰어나고 가성비가 좋으니

구매해 달라는 전략은 지속 가능하지 않다고 생각해요.
지금이야 업력과 인지도가 충분하지 않아서 제품에 소구하고
있지만, 앞으로 달라져야죠. 저희는 전구 회사로 시작했어요.
전구는 창의적인 생각의 아이콘이죠. 상징을 살려서 아트나
크리에이티브한 활동을 지원하고 싶어요. 창의적인 문화를
만들고 사회에 영향을 미치는 브랜드로 소구하고 싶어요.

　　　최근 1년 사이에 모든 일이 잘되고 있습니다. 그래도
　　　걱정되는 건 없나요?

권순만: 품질에는 절대 만족하면 안 된다는 얘기를 제가 자주
해요. 우리가 애플 기기를 사면서 스크래치가 있을 거라고
상상도 하지 않잖아요. 그런 수준이 돼야 해요. 그러려면 그
품질을 낼 수 있는 공법을 써야죠. 그 공법을 쓰려면 판매량이
보장돼야 하고요. 우선 매출을 일으키고, 그 이익으로 공법을
전환하고, 바뀐 공법으로 품질을 높이는 선순환 과정을
만들어야죠. 그래야 더 좋은 상황이 앞으로 계속 생길 수
있어요.

김시연: 저도 같은 생각인데 초점이 좀 달라요. 물론

품질은 절대 양보할 수 없어요. 하지만 좋은 품질, 좋은 디자인은 결국 구성원들의 노력에서 나와요. 구성원들이 아이디에이션(ideation)을 잘하고 효율적으로 집중해서 실행할 수 있도록 우리 브랜드에 대한 애정이나 모티베이션을 만들어 주는 게 전 단계에서 필요해요. 이 부분이 갖춰지지 않으면 품질, 디자인, 마케팅, 다 불가능하다고 생각합니다.

전구 회사에서 조명 회사로 전환합니다. 대표님, 잘될까요?

김홍도: 백열전구 직접 생산을 종료하지만, 그게 전환점이 될 겁니다. 저는 마라톤을 좋아합니다. 달리다 보면 제일 힘든 게 맞바람이 칠 때예요. 맞바람을 이기는 가장 좋은 방법은 돌아서는 겁니다. 역방향에서 순방향으로 바뀌는 거죠. 2022년은 저희 조명 기구의 시작입니다. 바닥까지 왔다가 이제 다시 시작하는 겁니다. 바닥에 오면 뭐가 생겨요? 반동이 생기죠. 세상 모든 일에는 순서가 있습니다. 때를 기다리는 게 중요합니다. 이제 팍 치고 올라가는 일만 남았습니다.

마치며

일광전구는 1962년 설립 이래 60년간 백열전구를 만들어 왔다.
그 사이 백열전구는 아날로그를 상징하는 물건이 됐지만,
그들이 처음 전구를 만들었을 때 그들은 스타트업이었고
지금도 여전히 스타트업이다. 60년 만에 만난 일광전구는 전구
회사에서 조명 기구 회사로 피보팅하고 있었다.
그들은 한국을 대표하는 조명 기구 회사가 되겠다는 목표를
공유했지만, 속도와 방법은 저마다 달랐다. 의견은 분분했고
자주 부딪혔다. 정제되지 않은 아날로그의 생기가 있었다.
신뢰 속에서 의견을 자유롭게 말하고, 충돌하고, 해법을 찾고,
실행하고, 이 과정을 반복한다. 이보다 더 스타트업다운 곳이
드물다.
60년 된 회사인데 6개월 후 모습을 짐작하기 어렵다. 몇백
원짜리 전구를 팔면서 그 옆에서 몇십만 원짜리 조명을
함께 판다. 고집스럽지만 기회를 포착하면 민첩하게 방향을
바꾸고, 다시 고집스럽게 이어 간다. 일광전구의 헤리티지는
60년 역사에 있지 않다. 치열하게 부딪는 지금 여기에 있다.

1962년 일광전구 창업자 고 김만규 회장이 경남 진해로 회사 야유회를 가서 찍은 사진이다. 미국 GMC 트럭을 개조한 차량에 현수막을 달았다.

258

(왼쪽)대구광역시 달서구 성서공단에 자리한 일광전구 본사의 전경. (오른쪽)본사 사무동

전구의 스템(stem)과 유리구를 결합하는 공정이다. 섹션마다 불의 세기가 미세하게 다르다. 유리 소재 특성상 약한 불에서 강한 불로 서서히 결합해야 크랙 없이 안전하게 접합된다.

261

대구 본사에서 백열전구를 생산하는 모습

264

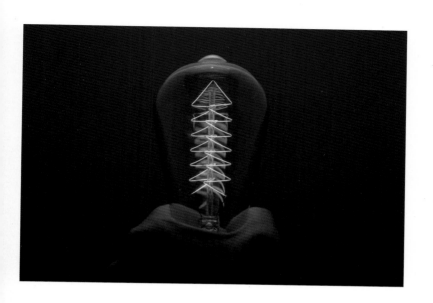

(왼쪽)클래식 전구 시리즈 패키지. 이 패키지로 2014년 일본 굿 디자인 어워드를 수상했다. 전구 회사로는 세계 최초였다. (오른쪽)클래식 전구

2022년 10월 14일 백열전구 생산 종료식. 1962년부터 2022년까지 6억 2403만 7840개의 전구를 생산했다. 앞으로는 OEM 방식으로 백열전구를 생산한다.

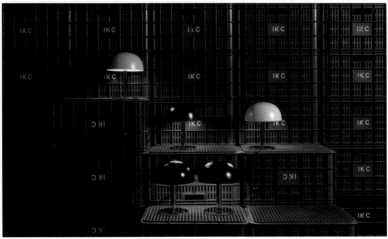

(위)CANDLE. (아래)ACORN

파티라이트 P2. 전선에 전구를 달 수 있는 소켓이 여러 개 달려 있는 벨트 타입의 조명 기구다.

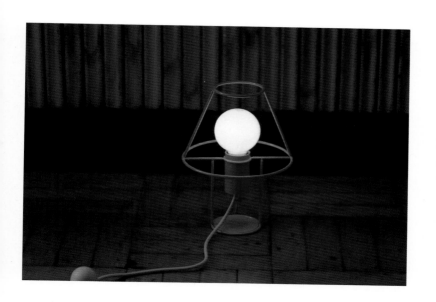

WIRE3. 쉐이드 없이 실루엣만으로 디자인을 완성했다.

(왼쪽)TEACUP. 찻잔을 모티브로 디자인한 테이블 조명이다. 디머 스위치를 이용해 빛의 밝기를 조절할 수 있다. (오른쪽)CANDLE. 양초를 오마주한 테이블 조명이다.

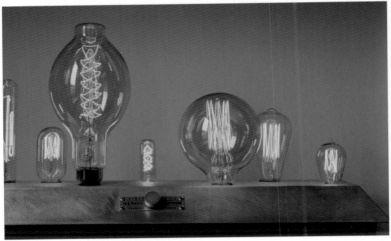

(왼쪽)LANDSCAPE. 진공관 램프가 있는 빈티지 오디오에서 영감을 받아 만든 테이블 조명이다.
일광전구의 클래식 전구를 사용한다. (오른쪽)SWAN. 디자인 스튜디오 오덴세와 협업해 만든 테이블
조명이다. 일광전구의 PS35 전구를 사용한다.

273

(왼쪽)ACORN. 타원을 반으로 가른 형태다. 테이블 스탠드, 플로어 스탠드, 펜던트가 있다. (오른쪽)FROG. 크기가 다른 두 개의 볼을 쌓아 올린 형태다. 테이블 스탠드, 플로어 스탠드, 펜던트가 있다.

SNOWMAN. 납작한 눈사람의 형태다. 유리구는 수작업 블로잉 방식으로 제작한다.

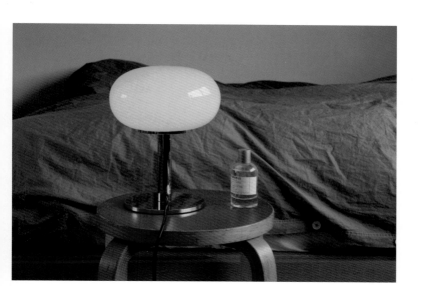

형제 모델인 SNOWBALL은 유리구가 타원형 한 개로 이루어져 있다.

(왼쪽)TALLBOY. 보는 각도에 따라 다른 인상을 줄 수 있도록 쉐이드를 7도 기울인 테이블 스탠드다.
(오른쪽)APOLLO. UFO에서 빛이 내려오는 모습을 상상하고 만든 테이블 스탠드다. IK의 프리미엄 조명
기구 시리즈인 마스터 에디션 제품이다.

(왼쪽)MAGRITTE. 벨기에의 화가 르네 마그리트의 그림 속 검은색 모자를 모티브로 한 펜던트다. (오른쪽
위)SATURN. 2밀리미터의 알루미늄 판재를 큰 구의 형태로 가공한 펜던트다. (오른쪽 아래)B-DAY. 초를
꽂은 케이크를 모티브로 디자인한 펜던트다.

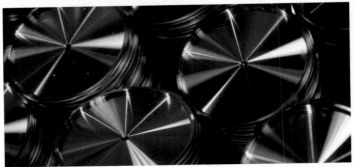

조명 기구의 기둥과 받침, 쉐이드를 만드는 모습

조명 기구를 조립하는 모습

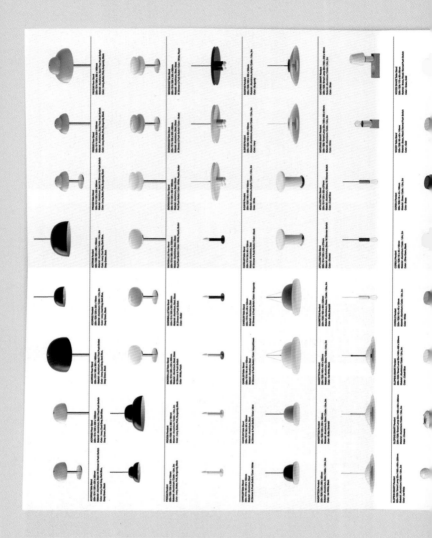

2022년 IK 시리즈 브로슈어

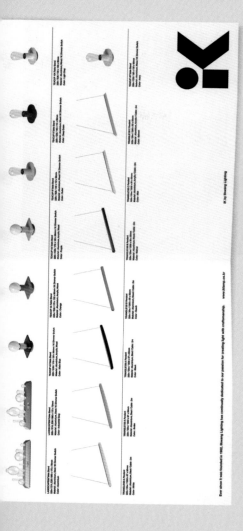

(왼쪽)2018년 9월 아우디X일광전구 <AUDI Urban Culture Space>. (오른쪽) 2018년 12월 인천광역시 개항로에 오픈한 라이트하우스

287

일광전구 임직원. 본문에 실은 사진 중 설명이 필요한 사진은 다음과 같다. (47쪽) 1879년 에디슨 전구, 사진: 스파크전기발명박물관. 별도 표기하지 않은 사진의 저작권은 스리체어스 또는 일광전구에 있다.